辽宁省教育厅青年项目辽宁利用老旧厂房改造体育场地设施用于体育健身可行性研究项目资助（项目编号WQ201707）

U0741078

空间改造与设计
——辽宁老旧厂房改造体育场地设施研究

赵袁冰　吴翊楠　著

新 华 出 版 社

图书在版编目（CIP）数据

空间改造与设计：辽宁老旧厂房改造体育场地设施
研究 / 赵袁冰，吴翊楠著 . -- 北京：新华出版社，
2020.11

ISBN 978-7-5166-5454-5

Ⅰ . ①空… Ⅱ . ①赵… ②吴… Ⅲ . ①厂房－旧房改
造－研究－辽宁 Ⅳ . ① F299.233.3

中国版本图书馆 CIP 数据核字（2020）第 210152 号

空间改造与设计——辽宁老旧厂房改造体育场地设施研究

作　　者：赵袁冰　　吴翊楠

责任编辑：徐文贤　　　　　　　　**封面设计：**贝壳学术

出版发行：新华出版社

地　　址：北京石景山区京原路 8 号　　**邮　　编：**100040

网　　址：http://www.xinhuapub.com

经　　销：新华书店、新华出版社天猫旗舰店、京东旗舰店及各大网店

购书热线：010-63077122　　　　**中国新闻书店购书热线：**010-63072012

照　　排：北京贝壳互联科技文化有限公司

印　　刷：天津雅泽印刷有限公司

成品尺寸：170mm×240mm　　　1/16

印　　张：11.5　　　　　　　　　　**字　　数：**201 千字

版　　次：2021 年 1 月第一版　　　　**印　　次：**2021 年 1 月第一次印刷

书　　号：ISBN 978-7-5166-5454-5

定　　价：58.00 元

版权专有，侵权必究。如有质量问题，请与出版社联系调换：010-63077101

>> 作者简介

赵袁冰，男，鲁迅美术学院设计艺术学硕士，现任鲁迅美术学院视觉传达设计学院讲师。从事空间设计方向教学和实践研究近十年，主要讲授商业空间设计、会展场馆空间设计等核心课程。教学同时任职业设计师十余年，设计领域涉及室内设计、建筑空间设计、软装设计、家具设计等。2015年被中国文化部文化产业司授予"中国百强设计师"称号，并列为全国青年优秀人才培养计划入库人员；2016年入选辽宁省沈阳市青联教育委员会委员。完成了30余个空间设计项目，积累了丰富的设计实践经验。

吴翊楠，女，鲁迅美术学院设计艺术学硕士，英国奥斯特大学博士在读，现任鲁迅美术学院传媒动画学院副教授。从事艺术设计、动画专业教学十年，主要讲授数字媒体设计、UI设计、设计基础等专业课程，并在科研过程中关注数字媒体设计在空间中的展示与融合。主持并参与省厅级课题三项，公开发表作品及学术论文十余篇，作品入选第六届全国青年美展，并多次在A'Design等国际设计奖项中获奖。

>> 内容简介

    本书以实际案例为基础，通过七章内容，分别为：老厂房改造设计的起承转合、体育场馆改造设计理念与方法研究、描述：一次设计改造的反思、思考：老工厂改造的视觉叙事、阐释：迟来的文化认知，中国老旧厂房改造设计的价值观、观点：老厂房改造设计中装饰的角色与道德、总结：理论探索与实践推进，从理论和实践两个层面对老旧厂房如何改造成体育设施做了深入的探讨和分析，给出了可落地执行的建议和方法。

    本书可供相关领域教师、研究人员、学生参考，也值得对此领域感兴趣的读者阅读。

序 言

　　写这本书的初衷是要完成我的科研项目结题——《关于辽宁省老旧厂房改造成体育场馆的可行性研究》，所以这本书的内容本应该严格遵循一种"论文"体的逻辑与模型数据进行分析和研究。但随着调研的展开与数据的梳理，我似乎慢慢放下了对一些单调理论的"焦虑"，取而代之的是站在当下这一历史节点重新审视某一特殊阶段繁荣背后的事件。这一切使我重新认识到"细节"能带给文章更有力、更真实的价值。它不是通常形式的"理论"，但"细节"可以是一种有力而且有理的证明。一个特定时期人们的行为也是最终结果的事实依据。所以，如果我们把"理论"当作指导人们行动的一种工具，那么"细节"应该就是这种"理论"系统里不可或缺的强有力的形式。我希望可以用这些亲身经历的细节以及案例来说明：缺乏长远思考、在利益驱动下迅速火热的建造行为往往是不稳固的，其根基薄弱而且会以同样的速度消失。这里面的人为因素要远远大于事件本身。这种看似自主性的行为和变化虽然被主观所鼓励，但前提是你需要满足并且符合个人和集体的共同利益。我强烈地被这些事件所吸引，现在回顾起来整理成文字也是想让更多的人了解。这次整理的过程似乎凌乱琐碎，但这种杂乱中却包含着坚挺的生命，让我重新反思了一些以往常常忽略的设计与改造的目的。

起因是某次去天津出差，夜晚出来逛，看到一个开放式的体育场馆内聚集着数以千计的百姓，规模十分庞大，像是一次演唱会。他们大多有序地围着体育场在慢跑，里道有人在骑车、滑轮滑，最外面还有人在慢走。人非常多，但特别有秩序（当然他们并不是组织在一起放着音乐插着旗的快走军团）。当时我在一旁坐了许久观看这个场面，对比着我的家乡沈阳甚至我去过的辽宁省内其他几个城市的情况。当我发现当地人如此的参与度和对这个场地的依赖时我开始设想是否在沈阳也可以有这样的情况发生。哪里可以发生，怎么发生，谁能促使它发生。因为在我看来，这种现象原本早也应该发生在沈阳。沈阳不仅是体育大省辽宁的省会城市，而且市民对于运动的高涨情绪是原本就有的，多名国家级运动员也出自辽宁。然后我就把它与当时正在做的一个小厂房改造项目联系在了一起。因为辽宁作为老工业基地遗留下来的大量厂房的利用一直是个问题。小空间还好一些，可以做成工作室或酒吧等业态，但是中大型厂房就很难得到有效的利用。我开始把运动场馆和老旧厂房进行了联系并研究它的设计与改造的可行性，拟定名称当作科研项目交给了学院。幸运的是，这个选题被选中了，可能是关键词"体育场所"和"老旧厂房"都是辽宁比较棘手和有需求的问题吧。

收集资料的过程其实是一个学习和反思的过程，有时我甚至忘记了我的目的到底是什么，似乎想深挖一个事件背后的种种因素。在这里，除了改造本身的设计研究方法外，更多的还是一种人为思考的总结，这种思考包括作为设计师的我个人的思考，同时也是对甲方思维的一种回顾。能准确把握客户的思维，也是设计开始的第一步，它远远大于你究竟做了什么样的设计。一个项目的成功落地，也是种种人为因素共同作用的成果。本书大部分内容会以实际案例作为基础，从这些实际的、具体的事件出发，论证如今把厂房改造成便民的体育场所提供给百姓的可行性。我们的出发点是站在中间的位置介绍给读者，让他们认识到厂房改造成体育场所的可行性，或是作为一种现象的起点来唤醒人们。我们也希望这个研究能促使相关的事件发生，真正服务百姓。

目　录

| 第一章 |

老厂房改造设计的起承转合

第一节　老旧厂房改造设计的客观因素

一、历史遗留：东北老工业基地的兴衰与当下

20世纪60年代，随着工业化进程与发展，大批的重型工业厂房在东北诞生，难以计数的人力、物力、财力的注入，使得东北发展为名副其实的工业制造业产业龙头，共和国工业发展历史轨迹中的"长子"。直到20世纪90年代中期，随着时代的发展，大批工厂停产，工人下岗，无数厂房闲置遗留。如何利用好这些闲置的老厂房，使其成为新时代社会发展的一个新兴元素，是我们有待解决的难题。国家也颁布了相关政策，大力推进闲置厂房的改造进程。

二、市场需求：消费群体决定了市场走势，用户的低龄化与个性化，市场进入新消费时代

消费群体更新决定了市场的新定位。相对于传统消费群体和消费观念，这些新时代消费群体更注重的是消费体验，其对个性化特征的要求尤为明显。互联网的快速发展，也使得此类消费群体有了更充足的消费选择以及更广泛丰富的渠道追求。他们可以通过互联网了解全球的时尚动态，线上随时购买世界各地的新潮产品。上午还在天寒地冻的东北大地，下午也许已经躺在普吉岛的海滩上度假。消费群体的改变直接影响了消费市场的转变，卖方市场逐渐变为买方市场。老厂房这种历史遗留的空间，如何更好地为这些新兴消费群体服务，如何成为不一样的、个性化的载体发挥其特性呢？

三、老旧厂房的历史原貌决定其成为被改造的理想对象

在东北这种特殊的历史与时代背景下，大量的遗留厂房、废弃工厂及其配套设施的改造方向似乎可以与当今社会的消费行为做一次历史性的联姻。特殊的环境与客观条件，似乎也很符合当下消费群体对个性化的定义。破旧的砖墙、残缺的铁艺门窗、超高的挑空、古老而茂密的槐树、特殊时期的历史符号、巨型的工业生产设备，这些元素似乎都可以作为新时代的消费符号被很好地利用和再

设计。其实我们并非第一个更不是唯一一个对老旧厂房进行改造并让其焕发新的活力的人。

四、国外成功案例的横向参照

早在20世纪60年代，德国鲁尔就有过跟我们相同的情况。德国鲁尔工业区作为20世纪德国工业支柱产业发源地、德国最大的工业发展引擎，在20世纪50年代中后期也面临着经济结构改革、生产方式改变等一系列问题。随着自然资源的枯竭，大量工厂面临倒闭停产，大批工人失业，经济环境以及生态环境遭遇了毁灭性的灾难。德国政府及时颁布政策以及法规，给鲁尔老工业区来了一次"美白"。他们通过政策吸引企业资金注入老厂房园区进行改造、重整业态，颁布环保法令，进行有效的区域性整合，把文化以及环保企业作为支柱产业替代原有的重工业产业。

被称为东方鲁尔的沈阳在20世纪90年代也经历着同样的问题（上文已提）。产业转型、体制改革、文化合作是发展的必然。如何借鉴成功案例，做到去其糟粕取其精华，因地制宜，避免大拆大建，挖掘出沈阳这些老旧厂房的经济潜力和文化魅力是改造设计的最大挑战。

五、年轻的崇拜者——以沈阳与鲁尔的老工厂改造比较为例

（一）德国鲁尔

随着科技的发展与人类的进步，对文化遗产的保护和重视在众多西方的国家和城市中体现出来。这里面首屈一指的要属德国的鲁尔老工业区。这个工业区凝聚着鲁尔人世世代代的生活，更是鲁尔历史的写照和见证。但随着技术的更替，鲁尔也面临着拆改的问题。20世纪末，鲁尔并没有大面积拆毁已经废弃的厂房，而是取其文化象征和空间特点，变废为宝地把一个个破败的巨型工厂变成了现代人喜闻乐见的休闲娱乐文化空间。

（二）辽宁沈阳

沈阳作为共和国工业的"长子"，留存有大量的工业厂房等工业遗迹，很大的一部分都分布在铁西区。2002年始，以工业重点区域铁西区为主，其他区域为辅的大量厂房"东搬西迁"，在10年时间里有400多家企业完成了搬迁，搬迁后留下的土地和厂房，一部分用作房地产开发，一部分用来发展服务业。铁西区为充分保留铁西的工业印记，保留了部分厂房并建造了中国工业博物馆，通过传承、发扬、提升、创新，全力推进工业文化发展，使之成为彰显铁

西地域文化的重要标志。

（三）沈阳与鲁尔的改造比较

从比较中可以看出，虽然时间上稍有不同，但是两个城市的情况的确很相似，怪不得人们曾经把沈阳称作"东方鲁尔"呢。但是，当我们近观两个城市对工业厂房的改造设计方法及背后的逻辑时，发现有很大的不同。

鲁尔采取了产业景观整体保护的方式。卢永毅、杨燕在《化腐朽为神奇——德国鲁尔区产业遗产的保护与利用》[①]中有如下阐述：他们的观念强调产业景观的整体性。无论是已经沉寂的车间，还是斑驳的构筑，即使是炼焦厂中曾被公认为景观杀手的巨大圆桶瓦斯槽，或者是当年的锅炉机房以及其他众多生产流程中的机械设备，矿区内几乎所有呈现往日先进生产过程的建筑和构筑都被精心梳理留存下来，并为这个矿区可能转换为一个活的产业博物馆做出了准备。正是由于其出色的整体保护，它在2001年12月被联合国教科文组织列入了世界文化遗产名录。设计师的智慧赋予了昔日空间以人性。他们发现了废弃的钢铁工厂可以成为儿童与青少年的各种训练基地。一座废弃的瓦斯储放槽经过结构加固变成了一个潜水训练基地，在这个直径45米、深13米的圆桶中注满水之后，放入一艘沉船与一部汽车，由救难协会管理，作为救难训练的道具。昔日的

---

① 卢永毅，杨燕. 化腐朽为神奇——德国鲁尔区产业遗产的保护与利用 [J]. 时代建筑, 2006（2）.

厂区可以变成男女老少聚集的溜冰场，而巨大水泥构筑物原来存放炼钢用的焦煤，而现在被改造成了一个攀岩训练场，水泥岩壁上增设了适合不同水平攀岩者的路径，吸引了各种年龄的攀岩爱好者。结果是，因为这个场地的设立，在没有一座山的鲁尔工业区，德国攀岩协会的鲁尔分会竟然拥有了全国最多的会员。同时，他们利用原有设施搭建了许多艺术舞台出租给了电影制片者当电影场景，因为高敞空间与各种废弃机械设备成为吊挂灯光与装饰的最佳舞台装备。更有趣的是，这里的独特空间甚至能举办别开生面的婚礼晚会，而由英国籍艺术家帕克（Jonathan Park）主导的照明设计又把这个厂区的夜间装点得如梦如幻，巨大的工业构筑演绎成了震撼人心的当代'雕塑公园'，人们在公园里既能看工业时代的著名电影《大都会》，又能观赏从大烟囱上走下的杂技表演。最意想不到的是，该矿区内原来可以容纳数百人同时冲澡的浴室如今改造成了埃森市一个舞蹈团练习舞蹈以及表演者的聚会场所，甚至原来浴室内的白瓷砖以及内嵌式的肥皂架都被保留下来。

10多年前，铁西区开始有计划地用工业符号装点这座城市，在建设大路、劳动公园和铁西工业的重要点位，出现了一批工业题材的雕塑。随后，把工人生活的场景保存下来，把工人村地区30多栋苏式老住宅作为文物保存下来，并改造成工人村生活馆。在沈阳铸造厂原址，以旧厂房为基础，建成国内最大的综合性工业博物馆——中国工业博物馆。由原沈阳重型机器厂的车间改造而成的1905创意文化产业园区，是沈阳地区第一个有文创味道的聚集区，这里经常举办一些中外艺术交流活动。也有一些满足年轻人需求的业态，原沈阳飞轮厂的厂房改造成的奉天记忆文化创意产业园，不仅有一些特色餐饮，还有体育、艺术培训和台湾文化品鉴馆。

第二节　老厂房的倒叙式宣言

一、老工厂的历史蜕变

机构私有化彻底终结了老工业厂房作为国有资产下的共同生产分配领域的历史。与其相应的私有化进程成为城市快速发展中的强劲助力。老工厂在某种程度上代表着一个国家、一个城市的发展历程。而随着私有化改革，老厂房逐渐获得了新的活力。

十几年来的老厂房私有化改革形成了一个城市独特的现象，人们似乎从追求避旧迎新、高度西化的市场走向，转而变成了"借古论今"。在这种看似逆行的潮流驱使之下，人们这种"后西化"时代里最世俗的、隐藏已久的私人化欲望，在面对老厂房改造时找到了得以施展热情地载体。设计师可以完全站在共同价值的立场上来重建"乌托邦"，里面充满了现代主义的功能。而这个"乌托邦"也被广泛看作不具有侵略性、扩张性的独特历史切片，某种程度上它还极大解决了地域性困惑，也为老厂房改造这个私有化领域奠定了社会舆论与经济发展的基础。我们也可以称之为"后工业领域"或是"工业风"。它是时代进程中的一个胎记，也是一种历史发展的必然。

二、老工厂的处境

作为"试验田"，老工厂作为一个历史存在，盲目而粗暴的改造让它原本的真实与自然荡然无存，剩下的砖瓦也只能被当作这种"后工业领域"的代名词。改造往往趋于符号化，将空间中结构的关系、功能的因素以及与周边的环境割裂开来，而片面地挑选具有视觉符号化或者历史符号记忆的建筑，并将这种符号进一步强化和夸大，脱离了环境、功能关联，也缺乏根基。似乎历史通过这些符号复活了，但是其生命力和本质却已经发生了彻底的变化。

第二章

体育场馆改造设计理念与方法研究

第一节　我国体育场馆现状

一、场馆数量及变化

　　1996年，根据第四次全国体育场馆普查数据结果显示，全国体育场馆数量为61万。到了2004年，第五次普查结果为82万，2013年的第六次普查结果升至169万，足足增加了一倍多。这就意味着，从2000年起，我国体育场馆的建设进入高潮期。这一方面是由于2008年北京举办奥运会让全国人民对于体育运动的热爱空前高涨；另一方面，也表现着一个体育运动大国的硬件实力。大量的政策、财力、物力、人力，投入到这场体育产业的大潮中。2008年以后，大型体育场馆建设速度有所放缓，但数量仍然是稳步增长。2014年数量增加到172万，之后按照每年3—5万个的数量持续增长，2016—

2017年度一下子又增长了13万个，直至2018年，全国体育场馆数量已经达到210万个。

二、全民运动与政策导向

体育场馆的数量一方面体现出国家的重视与扶持，另一方面也体现出全民健身热情的高涨以及百姓对健康的重视程度的提升。然而，看似庞大的体育场馆数量却难以满足更巨大的全民健身需求。尽管从2013年起，我国人均体育场地面积呈不断上升趋势，但是到了2018年，人均体育场地使用面积仍然不到2平方米，每一万人拥有体育场地数量仅为15.6个，相较国际水平还是较低，平均体育场馆条件不能满足一般群众的运动需求。2014年国务院发布了《关于加快发展体育产业促进体育消费的若干意见》（即46号文件），提出完善体育设施，2016年，国家体育总局发布《体育产业发展"十三五"规划》，明确指出体育场馆服务为重点发展行业，体育场馆及相关配套市场潜力和经济效益巨大，但目前仍然难以做到数量与品质与百姓需求的平衡。

三、民间体育场馆的发生发展

我们都清楚，作为市民百姓，很难有机会进入专业体育场馆进行日常体育锻炼。一方面会影响专业场馆的日常维护管理，另一方面大型专业场馆一般建设位置都在市郊，市民前往会有不便。

距离市民居所近的民间体育场馆虽然对外开放，但往往是抢不到场地或是布局杂乱、设施老旧。国家近年来多次提出"健康中国""全民健身"等号召，各社区也安装了相应的便民运动设施，但多数都日久失修，或是只能满足中老年人饭后活动的需求。大量有运动需求的市民只能选择街边慢跑或是聚众快走，但近些年城市空气质量连年报警，对城市居民日常运动健身造成了极大的影响。

尽管民间体育场馆在近些年来在数量、质量上都有所提升，但是极高的维护成本及经营成本也不停地打消经营者的积极性。场地房租成本、人员成本、场地及设备折旧成本都非常高。老百姓的运动时间也往往与场地的管制时间产生冲突。如何能分散人群，提供让市民满意的场地及设施，减少入场费用甚至达到免费，一直以来也是政府、运营方、老百姓追求的共同目标。

四、改造的途径

利用现有体育场馆进行改造升级不仅可以缓解专业场地与非专业场地的供需平衡问题（专业场地闲置率高，非专业场地人满为患），同时也可节约场馆建设费用（对已有运动场馆进行改造，成本远远低于新建场馆），体育运动场馆也是城市蓬勃发展的象征之一，它的标志性以及民众的认知度也会远远高于新建空间。

国家以及各级政府在近十年来，不间断地对各城市的老场馆进行改造升级并且对市民开放，这在某种程度上大大满足了百姓的运动需求。虽然这是一种解决问题的途径，但是如何才能做到真正意义上的"全民"，如何在改造老场馆满足部分运动需求之后，进一步地解决全民运动需求问题，是我们今后继续努力的方向。

我试图从我所生活的城市辽宁沈阳所具有的独特性和普遍性两方面着手研究，通过我们已有的空间结合全民运动需求探讨并研究另外一种可行性，其目的是增加个人运动空间，更合理地让这些空间被重新再设计、再利用。

第二节　辽宁省体育场馆现状分析

一、辽宁省体育产业事业总体情况

辽宁体育总局数据库数据显示：经统计核算，2016年辽宁省体育产业总产出（总规模）为844.38亿元，增加值为240.65亿元，占当年全省GDP比重为1.07%。体育服务业（除体育用品和相关产品制造业、体育场地设施建设外的其他9大类）总产出和增加值分别为223.38亿元和109.84亿元，占辽宁省体育产业总产出和增加值的比重分别为26.45%和45.65%。按照国家体育产业11大类分类，体育用品及相关产品制造总产出和增加值最大，分别为617.85亿元和129.76亿元，占辽宁省体育产业总产出和增加值的比重分别为73.17%和53.92%。[①]

辽宁体育产业迎来高速发展期，到2025年体育产业总规模将实现2 000亿元[②]。据数据显示：辽宁省目前共有室内体育场地5 071个，室外体育场地46 830个，人均体育场地面积为1.69平方米；辽宁共培养出奥运冠军29名，世界冠军400多名。辽宁目前的体育场地资源基础好，以健身休闲、竞赛表演、场馆服务、体育用品、体育旅游等为主要产业的体育市场规模已初步形成，并正在成为辽宁体育产业的主体；以三大球为代表的辽宁集体项目已走向职业化，处于全国领先地位；乒乓球、羽毛球等小球项目职业化进程加快，辽宁新生的职业体育俱乐部和体育赛事品类更加多元化；体育培训、体育康复、体育中介、体育科技、体育创意等新兴产业正在快速发展。政策的支持，良好的体育产业基础，为辽宁省发展体育事业提供了强大的动力和良好的愿景。在此基础上，社会普遍认识到体育文化资源作为一种核心竞争力的重要性。

根据《辽宁省全民健身条例》的内容，政府提出鼓励和支持企事业单位、社会团体和个人投资兴建体育健身场所。全省城市街道室内健身设施覆盖率超85%，县区全民健身活动中心覆盖率超73%，农村乡镇体育健身中心覆盖率超75%，行政村农民体育健身

---

① 当众体育数据整理. 辽宁体育产业统计数据发布——2016体育场地设施建设总产出3.15亿[EB/OL]. 辽宁体育总局数据. 2017 .

② 朱才威. 辽宁体育产业迎来高速发展期：到2025年体育产业总规模将实现2 000亿元[N]. 辽宁日报. 2017.

工程覆盖率达到98%。努力实现到2020年，全省公共体育场馆数量达到300个，开放率达到95%；学校体育设施达到6 000个以上，开放率为50%，人均体育场地面积达到1.8平方米以上的目标。

二、辽宁省（以沈阳为例）老体育场的改进

以沈阳为例，沈阳原有老体育场为：大东区体育场、铁西区体育场、皇姑区体育场（仍在运营）、沈河区体育场、和平区体育场。目前大东体育场成为区全民健身中心，铁西区体育场成为辽宁职业足球队的训练场地，沈河区体育场打造成新型文体活动中心，和平区体育场转型走上商业化路线，皇姑区老体育场成功适应了商业化的转变。

大东区体育场成为全民健身中心：大东区老体育场拆迁之前基本已经无法承办任何赛事了。拆迁后大东区又兴建了一处新的位于联合路上的体育场——大东区全民健身中心，是沈阳城区内最大的区级体育场，包括体育馆、田径场、景观区，建筑面积15 770平方米，可同时容纳2 000余人健身。

铁西区体育场成为现代化比赛场馆：新铁西区体育场设备完善并有3万个座位，棚顶宽度达到40米，可以遮蔽住70%以上的观众，还拓展了承接商业演出和大型会展的功能并成为辽宁职业足球队的训练基地。

沈河区体育场演变成了一座新型的文体活动中心：该活动中心

有一个标准体育场和多功能体育馆、市民健身馆、文化馆和图书馆。这个文体中心从功能上来说更趋向于体育文化类综合设施，可以满足市民健身和娱乐多方面的需求。沈河区在此基础上还建设了8个全民健身带，包括五里河公园、万柳塘公园、科普公园、带状公园、青年公园、长青公园、南塔公园和东陵体育公园。

和平区体育场试水商业化：尽管和平区体育场馆的外建筑比较破旧，但是体育场里面的赛道以及塑胶球场依旧维护较好，可满足体育健身的要求，并且从便民的角度来说，地理位置，以及一些球类场地的出租，方便群众日常锻炼，和平区老体育场有着很大的优势。

皇姑区老体育场：皇姑区体育场目前有保养的比较完善的足球场和比赛跑道，并且还设有羽毛球馆、篮球馆与乒乓球馆。但是目前并不对外开放，这也与体育场馆面临的场馆维修、维护费用没有着落的问题有关。

三、辽宁老厂房的历史变化及现状，以及与体育场馆的关系

（一）国家的政策导向以及辽宁省的实施情况

1. 辽宁省便民体育场馆现状

2016年，沈阳市颁布《沈阳市人民政府关于加快发展体育产业

15

促进体育消费的实施意见》，其中明确指出，要进一步加强群众体育设施建设。鼓励利用公共绿地、郊野公园、沿河堤坝滩地、老矿区及城市空置场所建设体育设施，支持改造旧厂房、仓库、老旧商业设施等用于体育健身。

但是，以往的改造都是单一的，也就是大部分厂房改造后的运动场馆都只能进行足球、篮球、羽毛球、乒乓球等单项运动需求。如何进行多元化的改造，更多地满足老百姓的日常运动所需；如何在多元化的需求下增加文化亮点、设计感，甚至提升空间品质也是我们目前所要思考的问题。

2. 以沈阳市铁西区为例

（1）铁西概况

铁西区是中国历史上的重点工业区，也是辽宁省沈阳市的中心城区。铁西区总面积484平方千米，人口91万。沈阳作为一个以机械制造业为主的工业城市，成为中华人民共和国建设的重点，企业高度集中的铁西区是重中之重。苏联援建的156项国家重点工程中有3项在铁西。投资超过百万进行企业改造的40多个，新建大中型企业12个。①

（2）铁西蜕变

1952年9月23日，工人村开始建设，共建有5个建筑群72幢三层砖混楼房，建筑面积99 012平方米，工人村建成后，成为当时全国最大的工人居住区，在全国率先引导了"楼上楼下，电灯电话"的

---

① 铁西区 [EB/OL]. 沈阳政府网，2013. http://www.shenyang.gov.cn.

现代住宅潮流。1984年铁西作为一个计划经济典型特征最为突出的老工业区，在改革企业管理机制上开始了探索和尝试，推行了经济责任制、经营责任制、厂长负责制、目标责任制等等，并从1986年开始全面推行经营承包责任制。2002年6月18日，沈阳市委、市政府做出重大决策，决定铁西区与沈阳经济技术开发区合署办公，成立铁西新区。2007年6月9日，铁西区被国家发改委、国务院振兴东北办授予"老工业基地调整改造暨装备制造业发展示范区"称号，同年，铁西区与细河经济区重组，诞生总面积484平方千米的"大铁西"。2008年12月，先后被授予"全国改革开放30年十八个典型地区之一"和"2008联合国全球宜居城区示范奖"称号。2012年8月31日，铁西老城区内最后一座大型工业企业迁出，铁西"东搬西建"任务结束。

（3）铁西利用老工厂改造的文化街区

铁西区没有忘记自己"老工业基地"的身份，尽管300多家工厂搬迁了，但是却将极富历史与文化价值的厂房建筑留了下来，等待着重新被开发和利用。文化产业首先发现了这一契机，他们利用文化地产项目起名"文化产业创意园区"，来对这些老厂房进行了重新包装。整体设计规划好以后再出租给办公企业和零售商铺。有的单体厂房直接被画廊、艺术工作室整体租下，效果还算不错。这样，一个以文化为点的老厂房艺术商业圈就形成了。仅是在铁西区就有11个不同规模的由老工业厂房改造而成的文化创意产业园区：

奉天记忆文化创意产业园（原沈阳市人民机械厂）；

31街区（原沈阳市第二防爆电器厂）；

城市之梦–冶金公园（原沈阳冶金机械二分厂）；

电机厂文化创意产业园（原沈阳电机厂）；

中国工业博物馆（原沈阳铸造厂）；

1905文化创意园（原沈阳重型机械厂）；

万科–红梅1939文化创意广场（原红梅味精厂）；

奉天记忆–铁西梦工厂（原沈阳弹簧厂）；

奉天记忆–铁西印象（原飞轮厂旧厂房及白山牌自行车厂）；

铁西工巢文化园（原长城风机厂旧址）；

沈阳朝鲜族民俗文化产业园–韩帝园（原沈阳铝材厂）。

（一）沈阳利用老厂房改造成为便民体育场馆的现状

沈阳利用老厂房改造成为便民体育场馆的状况并不理想，主要原因有四：

位置：尽管沈阳以铁西区为主，其他区域为辅的各个区域都有大量留存老长房。但是，大多位置偏远。由于公共交通不便，大多城市市民很难在短时间内到达，所以很难实现"便民"的意图。也没有经营者愿意在偏远地方经营体育场馆。

规模：我们可以看到，现在城市化进程迅猛。尽管大量厂房都不在市中心，但是厂房周围仍然有居住圈。也就是说，在沈阳目前留存的老厂房周围都有新的楼盘被建起。但是，厂房规模都相对较小，无法达到体育场馆的基本规模需求。厂房相互之间也比较分散，很难形成一个集中的运动区域。

经营：对经营方来说，首要考虑的是营收。大部分老厂房被用作艺术园区、创意园区，首先因为国家有良好的政策扶持此类业态；其次，这种业态的回报也会很快，经过简单"粗糙"的打扮之后就可以变成"租金"现金。这样，远远要比经营一个体育场馆回报率要高，而且要快许多。日常维护成本偏高的体育场馆自然不会被经营者作为首选。针对沈阳其他业态的老厂房改造，目前也只是浮于表面的一种虚构和假设。随着越来越多的老厂房被改造成为创意园区，此类业态已近饱和，而且出租率也呈下降趋势。

便民：要真正达到便民的目的，第一路程要适中，第二价格要亲民。但是，要做到以上两点，平日的维护成本又令商家难以负担。大多数便民场所还是要依靠政府补贴，这种非常态化的经营，也没有太多的人愿意参与，尽管有些时候经营者本身对运动有情怀，但也大多无法坚持到最后。

（二）辽宁便民体育场馆与老厂房应该有机结合

1. 数据角度看到老厂房与便民体育场馆结合的可能性

以上四点呈现了老厂房改造成为便民体育场馆这种业态在沈阳垂危发展现状。实际上，市场对便民体育场馆有着极大的需求；辽宁省有再利用问题的已有废弃厂很多，新建厂房的数量仍然呈上升趋势，未来势必都要面临再利用。辽宁省经济普查领导小组办公室、辽宁省统计局2010年1月18日做的关于辽宁省第二次经济普查主要数据公报显示（表2-1）：

表2-1　2010辽宁省第二次经济普查总承包和专业承包建筑业企业房屋建筑完成情况

	房屋建筑竣工面积（万平方米）	房屋建筑竣工价值（万元）
厂房、仓库	980.19	1 268 769
住宅	4 837.11	4 357 673
办公用房	290.22	329 393
教育用房	145.89	159 574
合计	6 707.33	6 641 897

体育消费仍然是除了几类经济支柱产业外发展最迅速的产业业态。（表2-2）

表2-2　2010辽宁省第二次经济普查其他第三产业企业法人单位资产、营业收入和营业利润

	资产（万元）	营业收入（万元）	营业利润（万元）
信息传输、计算机服务和软件业	306 502 771	37 102 700	4 290 251
金融业	10 677 166	5 718 352	1 141 605
租赁和商务服务业	39 665 542	4 223 076	1 012 943
科学研究、技术服务和地质勘查业	6 321 329	2 582 169	343 953
水利、环境和公共设施管理业	4 047 051	337 400	28 422
居民服务和其他服务业	807 439	911 843	190 916
教育	195 752	199 353	31 684
卫生、社会保障和社会福利业	490 093	418 111	56 368
文化、体育和娱乐业	1 269 511	650 767	87 292

经营体育业态的商户与市场需求以及消费不成比例（表2-3）：

表2-3　有证照个体经营户的行业分布

	单位数（户）	比重（%）
工业	73 468	5.8
建筑业	4 435	0.3
交通运输业	315 643	24.5
批发和零售业	634 902	49.3
住宿和餐饮业	88 031	6.8
房地产业	2 272	0.2
租赁和商务服务业	11 539	0.9
居民服务和其他服务业	112 457	8.7
教育	6 969	0.5
卫生和社会福利业	27 449	2.1
文化、体育和娱乐业	9 850	0.8

（三）政策导向使得辽宁省老旧厂房改造成为便民体育场馆成为可能

2016年，《沈阳日报》的一篇名为"沈阳更多公共绿地、旧厂房将建成群众体育设施"的报道引起了市民们的关注。[1] 为深化沈阳体育改革，建设体育强市，全面推进"足球之都"建设，根据《国务院关于加快发展体育产业促进体育消费的若干意见》和《辽宁省人民政府关于加快发展体育产业促进体育消费的实施意见》精神，结合沈阳实际，6月22日，《沈阳市人民政府关于加快发展体育产业促进体育消费的实施意见》（简称《实施意见》）正式印

---

[1] 丁瑶瑶. 沈阳更多公共绿地、旧厂房将建成群众体育设施[EB/OL]. 沈阳日报、搜狐焦点沈阳站，2016-07-05，https://www.sohu.com/a/101282629_124771.

发。其中从夯实产业基础、优化产业结构、发展市场主体、加强政策引导，优化市场环境，打造我市体育产业孵化基地，支持产业孵化器及进入孵化器的企业享受同地区产业孵化优惠政策等方面鼓励体育场馆的发展。

沈阳所具备的老厂房数量要远远大于北京、上海、杭州等目前在体育场馆和新兴体育产业领域发展较快的地区，现比较之下，厂房可选择性较多。尤其是临近市区或地处市区的一些老厂房周围已经或是正在建起了居民社区。这势必会导入大量的人流。辽宁省作为传统体育大省，众所周知，无论是在全运会方面，还是在体育人才输送方面，辽宁在全国都是一个很重要的省份，老百姓的运动热情一直以来也非常高涨，参与人数众多，这也恰恰是老厂房改造成为便民体育场馆的原生动力。所以，我们要借鉴好国内外众多案例，捋清头绪，取长补短，利用好自身优势，补充多方面不足。力求更多、更有效地开展辽宁老厂房改造成为便民体育场馆的工作。给辽宁省的老百姓一个运动健身的好去处。

第三节　从设计的角度解读老厂房建筑元素，找出其空间内涵和特点

我们现在所看到老厂房被广泛地再利用，之所以认为老厂房有再利用的价值，主要是其两个引人注目的特征。第一个就是老厂房

的历史与文化意义。第二个便是老厂房的结构与材料特点。历史与文化意义毋庸多说，老厂房见证了一个国家、一个城市，甚至一代人的成长，是历史的见证者。但，我们往往忽略了第二点，就是老厂房结构与材料的产生和发展以及特殊含义。正是这些建筑元素的特点，构成了老厂房长久不衰、引人入胜的符号化记忆。以至于今天，在进行老厂房改造成为便民体育场馆可行性研究时必须将这些作为前提提出，因为这些建筑元素特征承载着社会与文化，承载着历史与地位。也因为对于材料和意义的挖掘使得老厂房这种特殊性质的建筑在做完它的业态改造后成为永恒的建筑。

一、解读的意义

"解读"建筑（不论是通过看图或看到实物）并解析其中意义，是理解我们周围的社会和世界的组成方式的基础。在17世纪和18世纪早期活跃在建筑界的英国建筑师克里斯多佛·雷恩曾经说过："建筑的价值在于永恒。"他自己的实践也恰恰证明了这一点。他设计的圣保罗大教堂已经成为英国的符号，以及建筑不朽的象征。尽管，我们今天所讨论的老厂房建筑，普遍来说，并没有伟大的建筑师对它们进行特殊的设计（大师设计过的厂房也不需要我们今天进行改造利用，早就被保护起来了），我们讨论的大多应该是工业生产后的模块化的厂房。厂房建筑也更没有教堂建筑那样的气势雄壮以及背后深层次的宗教人文意义。它们普通得不能再普通，只是那个时代一个个不起眼的生产容器。但在今天看来，在这个似乎缺少停止，被即时性、最新、最快所垄断的历史时段，我们似乎或多或少愿意停下来回头去看看，我们也或多或少感觉到了不停更替信息时代的疲劳，没有最新，只有更新，一切似乎都不安全。我们重新回看过去，过去的历史，过去的建筑，重新审视他们，利用他们，保护他们。这也许就是将老厂房改造成为便民体育场馆的意义。同时，它也重新唤起了人们的"审美诉求"，它也传达了如今人与建筑的情感沟通，这也许就是这种"有意义"的建筑的本质。它的建筑本体就传达着某种意义，对于人来说它远比通过文字、艺术、语言所传达出来要有意义得多。

二、解读的方法

老厂房本身所承载的意义是抽象的。不同地域、不同规模的老厂房所传达出来的国家、地区、城市风格都有所不同。甚至，它们可以体现个人的社会地位以及文化品位。尽管从材料上来讲，基本上这种老厂房建筑的结构都是框架性质的，表皮用砖或混凝土浇灌形成，材料很普通，你并不能通过材料加以区分，但是，你仍然可以通过老厂房的规模、形式、功能以及装饰来解读被包裹在建筑之中的"意义"。

在这里，我们必须承认，老厂房的设计是完全在满足其内部生产功能基础上来完成的。所以，它所使用的材料和方法都是由预定的功能决定了的。所以它完全是一个功能主义[①]原则建筑。佩夫斯纳[②]认为：即使设计师声称完全遵循了功能主义原则的建筑，即"形式追随功能"，也是经过设计才能通过其外观实现预期的建筑功能。所以，我们对老厂房建筑进行解读，要从研究它所使用的材料入手，看看这种提前预期的材料选择给老厂房建筑带来了什么。

三、老厂房建筑元素

（一）厂房结构：混凝土

作为一种建筑材料，混凝土在古罗马时代就已经出现了。混凝土将建筑者从砖石的局限中解放出来，并成就了很多有故事后伟大建筑——渡槽、桥梁、浴室和庙宇。建于公元2世纪的万神庙穹顶使用了混凝土材料，是罗马人在这一领域的最伟大的杰作，目前仍然是世界上最大的无钢筋混凝土穹顶。

直到19世纪末期，混凝土才被推广开来，并且成为20世纪早期现代主义建筑的主要建材。加入钢条或网格等增加拉伸强度的材料

---

① 来源科普中国·科学百科. [EB/OL]. [2020-06-20]. https://baike.baidu.com/item/功能主义/2401069?fr=aladdin.20世纪20年代，现代设计领域的一个重要派别——现代主义设计最终形成。现代主义是主张设计要适应现代大工业生产和生活需要，以讲求设计功能、技术和经济效益为特征的学派。其最为重要的理念便是功能主义。功能主义就是要在设计中注重产品的功能性与实用性，即任何设计都必须保障产品功能及其用途的充分体现，其次才是产品的审美感觉。简而言之，功能主义就是功能至上。

② 百度百科. 佩夫斯纳.[EB/OL]. [2017-10-29]. https://baike.baidu.com/item/佩夫斯纳/12575940?fr=aladdin. 构成主义艺术家，与毕加索、乔治布拉克等立体主义画家交往，并在艺术风格上受到很大影响，开始探索抽象绘画。

后，混凝土成为钢筋混凝土，极大地促进了20世纪建筑革新。虽然在大部分情况下，混凝土都是隐藏在建筑物内核中的，但是暴露在外面的未加工的混凝土——露石混凝土，却是现代主义建筑的一大特色。

现在，混凝土是应用最广的人造材料，其每年的二氧化碳排放量占到了全球总量的二十分之一。因此，很多有生态保护意识的建筑师试图减少对混凝土的依赖，转而寻找更环保的材料。

（二）厂房结构：钢

1851年，在伦敦海德公园举行的世界博览会上，约瑟夫·帕克斯顿设计的水晶宫横空出世，让人们看到了钢材作为建筑材料的巨大潜力。这座水晶宫通体使用了钢和玻璃，预示着未来钢构建筑的发展。

20世纪，用钢架构作为建筑的结构"骨架"是十分普遍的做法，直至今天也是如此。现代钢架构一般是由钢柱或钢管网格构成的，并填充混凝土，用来支撑横梁。有时还会加入对角斜筋来加固。浇筑了混凝土的波纹钢板可以建造地面，同时能够提高结构刚度，一般位于这种结构骨架的顶部。有时会使用预制混凝土板代替波纹钢。虽然钢具备强度高、相对耐腐蚀等优点，但是易受火灾影响，可能导致结构损害。因此，一般会在钢构外部包裹混凝土或铺设绝缘纤维，起到隔热效果。

（三）厂房材料：砖

砖石立方体，一般用耐火黏土制成。但是在有些地区，采用的是晒干而不是烧结的方式制作砖块。在很多早期文明的建筑中，都使用了砖。至今，砖仍然是重要的建材。砖的形状和尺寸都是标准化的，方便砌成墙。砖的排列方式叫作砌法。砖的砌法种类繁多，但是在特定地区会遵循占主导的传统方式，并且也需要根据每种砌法的结构特性做出调整。

在砌好的每皮砖之间，用灰泥薄层分隔。灰泥是用沙混合黏合剂（如水泥或石灰等）制成的，加水后呈糊状，可以黏合墙内的相邻砖块。如果在灰泥凝固前用工具处理灰泥接缝，叫作"已处理灰缝"。（本节介绍性文字引自《解读建筑》部分章节，部分图片参考原作由作者手绘）①

1. 放置法

（1）顺砖（图2-1）

一种水平放砖的方式，大面在底部，露出砖的长面。

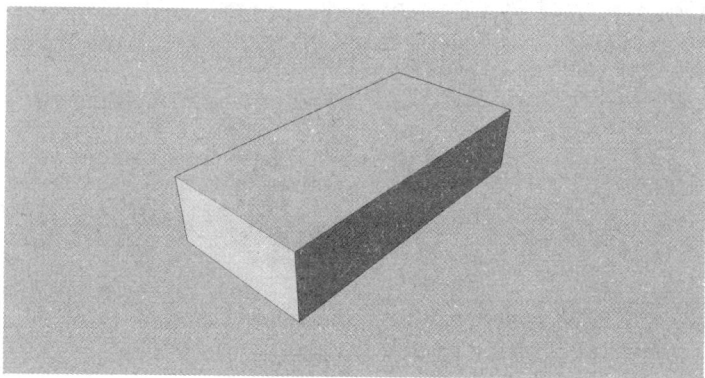

图2-1　顺砖

---

① 欧文·霍普金斯. 解读建筑[M]. 邢真, 译. 北京出版集团, 2014.

（2）丁砖（图2-2）

一种水平放砖的方式，大面在底部，露出砖的丁面。

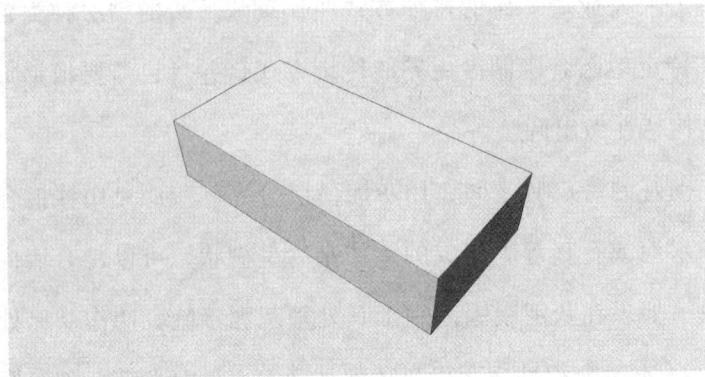

图2-2　丁砖

（3）斗砌丁砖（图2-3）

一种水平放砖的方式，条面在底部，露出砖的丁面。

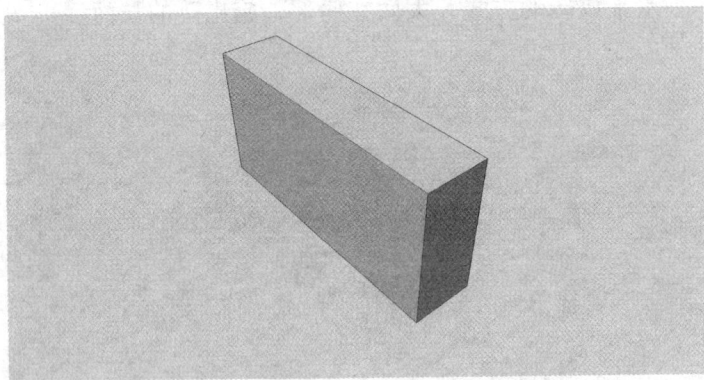

图2-3　斗砌丁砖

（4）斗砌顺砖或面砖（图2-4）

一种水平放砖的方式，条面在底部，露出砖的大面。

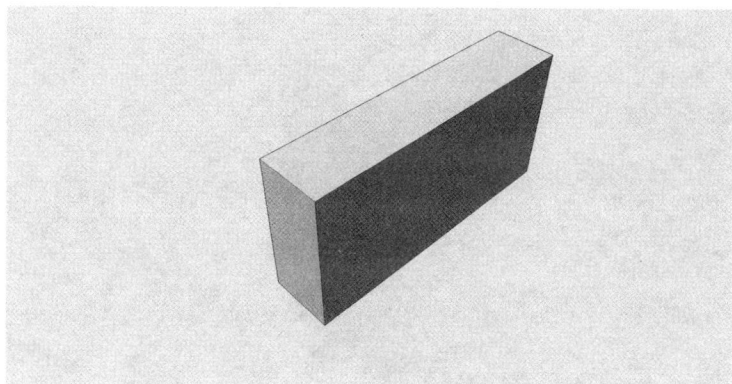

图2-4　斗砌顺砖或面砖

（5）立砌丁砖（图2-5）

一种垂直放砖的方式，露出砖的长面。

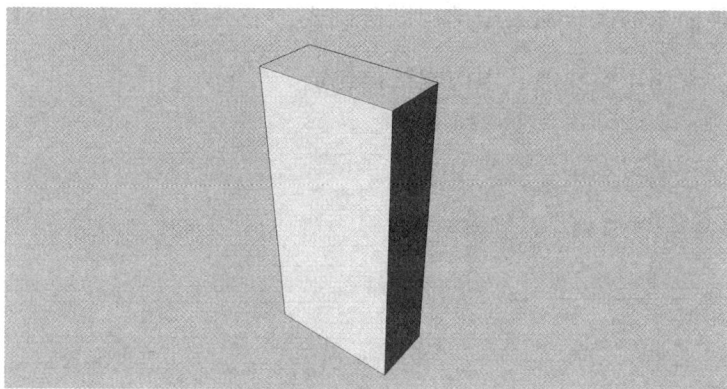

图2-5　立砌丁砖

（6）立砌顺砖（图2-6）

一种垂直放砖的方式，露出砖的大面。

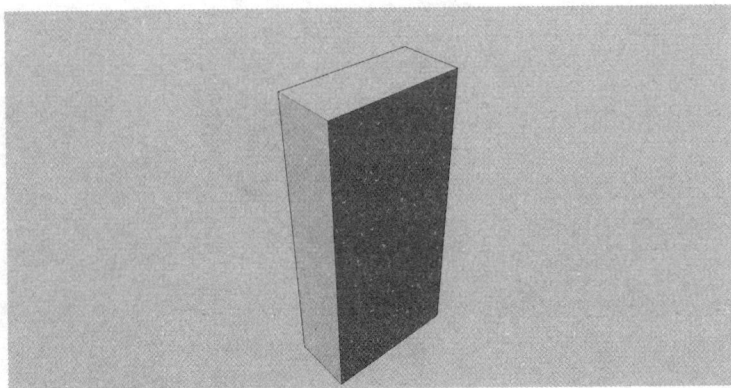

图2-6　立砌顺砖

2．砌法

（1）顺砖砌法（图2-7）

最简单的砌合法，全部用顺砖砌成，上下皮间竖缝相互错开1/2砖长。常用于空斗墙、木构或钢构建筑。

图2-7　顺砖砌法

（2）丁砖砌法（图2-8）

一种简单的砌法，全部用丁砖进行平砌。

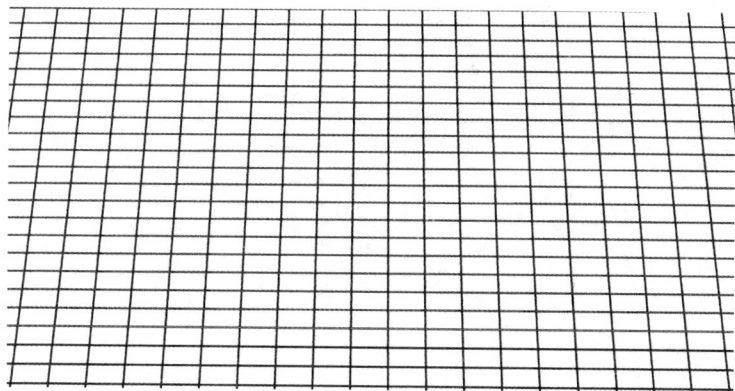

图2-8　丁砖砌法

（3）五顺一丁砌法（图2-9）

全部用成行的顺砖与丁砖砌成墙体的砌法。五皮顺、一皮丁相间隔。

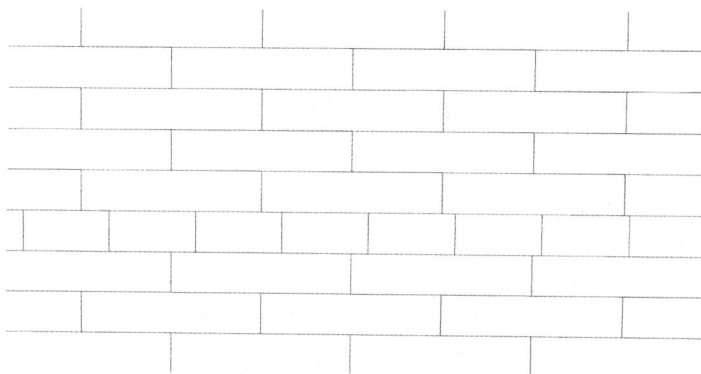

图2-9　五顺一丁砌法

（4）荷兰式砌法（图2-10）

在同一皮中，顺砖和丁砖交替砌成。上下皮间顺砖竖缝相互错开1/4砖长，同时每隔一皮的丁砖是对齐的。

图2-10　荷兰式砌法

（5）英式砌法（图2-11）

一皮顺砖一皮丁砖的砌法。

图2-11　英式砌法

（6）顺砖堆栈法（图2-12）

全部用顺砖砌成，上下皮间竖缝是对齐的。因此，这种砌法砌成的墙黏合相对不够坚固，常用于空斗墙，特别是钢构建筑。

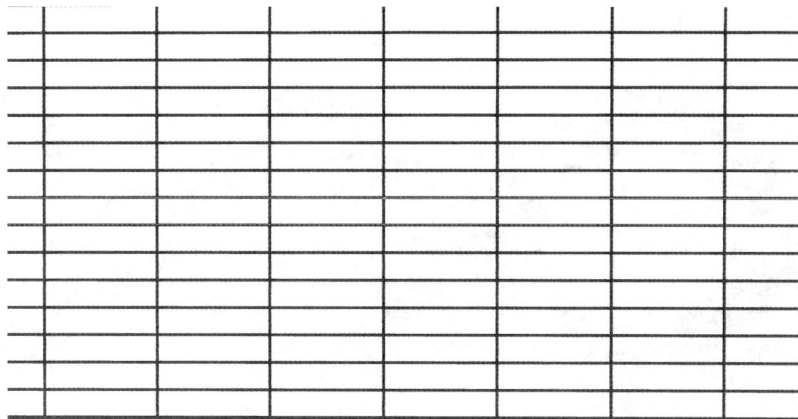

图2-12　顺砖堆栈法

（7）人字形砌法（图2-13）

把顺砖斜砌，砌成人字形图案的砌法。

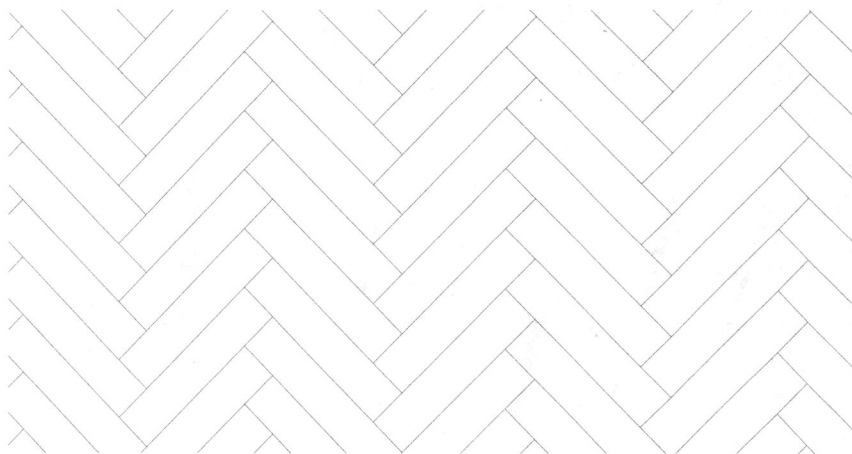

图2-13　人字形砌法

（8）花格砌法（图2-14）

从技术上来说，在墙面形成长方形、正方形或菱形图案并不是一种专门的砌法，任何砌法都能达到这种效果，需要做的是在特定位置砌上不同颜色的砖。

图2-14　花格砌法

（9）标准砌法（图2-15）

接合非常紧密的砖砌体，通常会把砖砍成适合的形状，用于过梁。

图2-15　标准砌法

3. 灰泥接合处

（1）齐平式（图2-16）

灰缝与相邻两块砖面齐平。

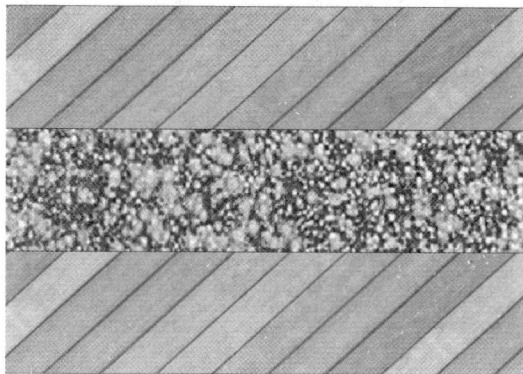

图2-16 齐平式

（2）泄水坡缝（图2-17）

有角度的灰缝，从下方砖面开始向内倾斜。

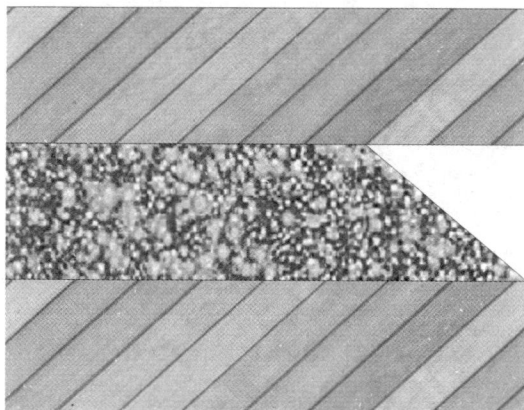

图2-17 泄水坡缝

（3）下斜灰缝（图2-18）

有角度的灰缝，从上方砖面开始向内倾斜。

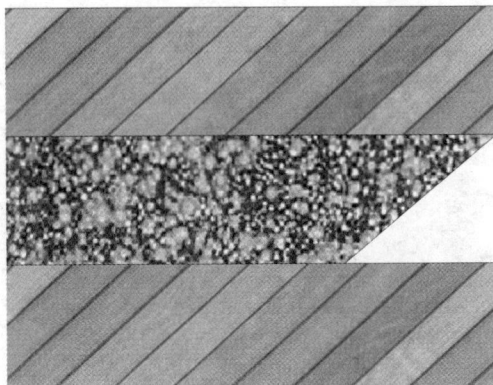

图2-18 下斜灰缝

（4）碎石片式（图2-19）

在灰缝未干时，插入小石片，起到装饰作用。

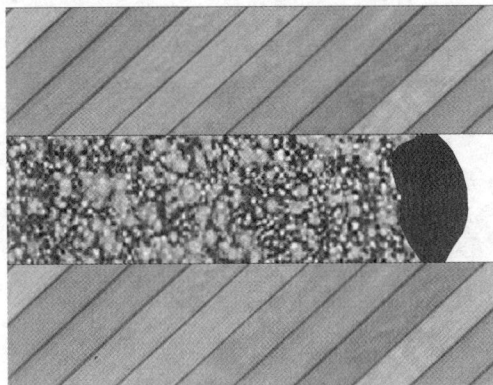

图2-19 碎石片式

（5）凹面式（图2-20）

灰缝呈内凹的弧线形状。

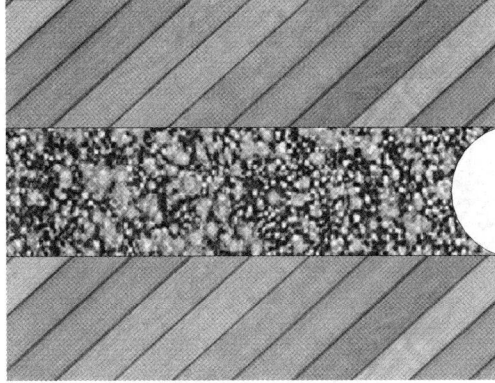

图2-20 凹面式

（6）嵌入式（图2-21）

灰泥面与上下两块砖面平行，但是内嵌进接合处。

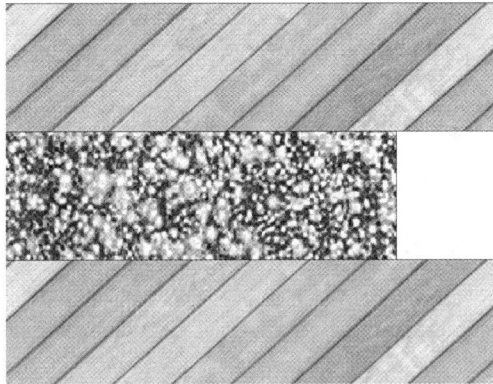

图2-21 嵌入式

（7）V字式（图2-22）

灰缝呈内凹的V字形状。

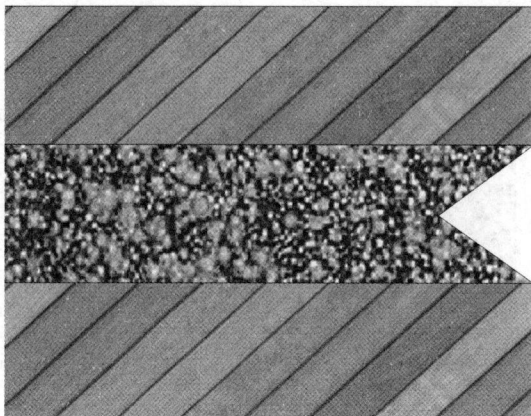

图2-22 V字式

4．类型

除了耐火黏土这种最常见的砖材质，也有其他材质。但是不管哪种材质制成的砖，都有统一的模型，以确保砖的形状标准化。因此根据预期用途不同，砖的模型有若干种。比如，带有斜面的砖常用于压顶，非直线；带有角度的砖常用于两面非垂直墙面的交接处。

（1）实心砖（图2-23）

黏土烧结而成的小型长方体。

图2-23 实心砖

（2）釉面砖（图2-24）

表面经过精工烧釉处理的砖，可以做出各种色彩和图案。

图2-24 釉面砖

（3）多孔砖（图2-25）

一种标准砖，带有两个或三个与受压面垂直的孔洞，质轻，利于通风。

图2-25 多孔砖

（4）玻璃砖（图2-26）

玻璃砖起源于20世纪早期，通常是正方形。由于相对较厚，玻璃砖建成的墙面呈半透明状，自然光线仍然能够进入内部空间。

图2-26　玻璃砖

（5）空心砖（图2-27）

带有长方形或柱形横向通孔的砖，质轻，隔音降噪。

图2-27　空心砖

（6）凹槽砖（图2-28）

一种常用砖，顺砖摆放时，顶部和底部都有凹槽，"frog"这个术语指的是砖面上的凹槽，也可以指在制模过程中用来造出凹槽的块体。凹槽砖比实心砖轻，在砌成一皮时，也有足够的空间用来填充灰泥。

图2-28　凹槽砖

（四）厂房材料：木材

与石头和砖一样，木材也是被广泛应用的厂房建材，几乎所有文明和文化建筑都采取了木材。因为木材具备强度高、相对轻质并易于根据需要切割等优点，常被用于建造各种建筑类型的结构框架，特别是用于老厂房的屋顶。在木建筑中，最常见的结构框架是由垂直的木柱子和水平横梁组成的（有时也使用对角梁）。框架中的空隙一般会填入砖石、灰泥、水泥等。如果木格栅（较大型柱子之间的小型垂直构件）之间的距离非常狭窄，叫作"密集格栅"木构。有些情况下，木构外部铺设了木包层、瓷砖或砖墙。

木材也是常用的包层材料，附加在底部的结构框架上，底部框架不一定也是木制的。木包层通常上漆或用木防腐剂保护。

（五）厂房材料：混凝土

混凝土是由水泥、碎石、沙和水混合而成的人造材料。有时，为了特殊的目的，要改变混凝土特性，会加入各种天然或是人造添加剂。混凝土是很多现代建筑的结构和美学的重要组成部分。

（六）特殊设备：桁架

一般来说，建筑物底层结构是隐藏在建筑物内部的。但是，也有很多建筑物的屋顶内部结构暴露在外。厂房建筑就是典型的结构外露的建筑，例如，尾梁天花板、各类拱肋拱顶和穹隆的地面结构都已成为建筑物内部形式的基础部分。结构本身已经成为重要的审美表达手段，不仅限于传统建筑风格，20世纪后期的高科技建筑也是如此，如钢结构桁架屋顶常常具备鲜明的特色。桁架是由一个或多个三角形构件和直线构件组合形成的结构骨架，适用于较大跨度的承重结构，如屋顶。大部分桁架是由木梁或钢梁构成的。

在了解了厂房建筑各种材料构成以及结构方式之后，我们可以更有效地通过对材料特质的了解，充分发挥各部分优势，有机结合新材料对建筑表皮与内部进行功能性改造。为了使厂房改造成为体育场馆的可行性进一步增加，使场地利用得更加充分，我们必须发挥老厂房的结构特征，了解结构原理。

第四节　对老厂房改造成便民体育场馆的思考

首先，必须肯定的是，近些年来，大大小小的便民体育场馆层出不穷，绝大部分的体育场馆经营都十分惨淡，偶尔听说一些经营比较好的、有长足发展的场所，但也只是凤毛麟角。

一、老厂房改造成体育场馆的基本改造规则和注意事项

（一）基础结构隐患的排查

随着老厂房使用年限的增加，大部分厂房都出现了一些安全隐患，如基础下沉、墙体开裂、管网老化等问题。工厂在扩大生产规模时通常采用扩增生产设备、增加生产线、更新大型设备等方式。厂房原有的承载力无法满足设备的放置需求，超量放置也给厂房结构造成很大安全隐患。如若进行老厂房改造，需要提前做好隐患排查，只有排除一切隐患才能进行下一步的有效设计与计划，否则改造将失去意义，并为以后埋下极大的隐患。隐患排查主要遵循以下三个步骤：第一步就是要对厂房外表进行细致观察。我们需要寻找有国家认可的相关资质的专业设备厂家到现场进行厂房基础结构的

排查工作。第二步，一般厂房倾斜或墙体开裂等情况，都是由于原始结构基础受力不均匀所致，这就需要相关企业和部门协力去找到原始建筑施工设计图纸以及勘察报告、结构特点、裂缝走向与混凝土钢结构强度分析报告等。第三步，根据结构特点、裂缝走向与相关图纸配合找出基础不牢原因并以书面报告形式提交，成立专家组共同商议解决办法，由有相关资质的企业进行加固处理。若加固之后仍然出现倾斜等情况，还需要对倾斜部分进行扶正加固处理，最后要重新经过排查和实验后方可使用。

检查的主要内容：

①查验厂房原始资料。其中包括结构图设计图、地勘报告、竣工报告和验收图纸等。详尽的图纸可以给接下来的加固工作提供有利的科学依据和参考。

②对于结构现状的检查。其中包括裂缝情况与走向的检查、地基情况、下沉情况、倾斜情况、脱落和漏雨情况等。

③对于结构变形的检查。包括整体不均匀沉降和倾斜检测。

④关于材料的检查。包括混凝土强度、钢筋腐蚀度、保护层厚度以及柱体垂直度等。

⑤重新计算荷载以满足未来使用需求。[①] 根据房屋安全鉴定报告，对原有结构形式和受力特点进行分析，确定合理符合改造需求的施工方案。同时也要考虑施工的进度，难度，以及成本等因素。

---

① 李京一等. 老厂房结构改造的若干技术问题 [J]. 第八届全国建筑物鉴定与加固改造学术会议，2006.

（二）场馆消防规范准则

如果忽视了消防设施的改造升级，那么将给老厂房改造成体育场馆的工作造成极大的隐患，甚至停业整顿。前不久，在某市的一个厂房改造成体育场馆的项目中，原本投资了五六百万占地近万平方米，包括20个羽毛球场、2个篮球场、3个足球场的运动场馆被消防部门叫停，并勒令停业整改。查找原因发现，虽然场馆内的运动设施齐全，环境也不错，但是消防设施根本不过关，室内消防栓破损，里面水枪缺失，消防水管的接口根本无法正常使用。运动场馆内也没有按照规定安装设置烟感报警系统和自动喷淋灭火装置。所以对老厂房改造成体育场馆后的消防工作不容忽视。

①要重新对厂房进行消防设计。在重新设计前，需要找到原始竣工图纸，了解消防分区、消防设施分布、消防疏散等情况。

②如果没有原始消防设计图纸，那么在进行改造工程前要对重新设计的消防图纸进行申报。

③按照国家的消防要求，应该是在消防设计申报得到批复同意后方可进行下一步的施工工作。

④在施工结束后，要进行消防检测和电气检测，拿到合格的检测报告、竣工图、施工图、材料表等资料后进行申报验收。

有些老厂房由于高度和结构原因无法安装烟感报警和自动喷淋系统，这时可以采用红外线温感装置和自动水炮来替代。

（三）关于通排风以及运动保护

通风改造是厂房改造成运动场馆的前提，需要在严格的勘查基础上提出相应的改造方案；要对改造进行经济分析，并有效解决厂房夏季温度过高，冬季热能浪费的问题。好的通风系统改造，不仅可以节能减排，而且也能给来此健身的人提供一个健康舒适的环境。以往的厂房工作环境都是闷热，人员在里面时间长了都会感觉到嗓子痛，何况健身时人体对氧气的需求变大。通风改造可以选择大型通风机，屋顶自然通风天窗是一个很高效的选择。优良的通风设备安装位置可以在短时间取得效果。从投入成本上来说，也无须电力支持，维护起来比较简单。当然，也可以根据面积，增加机械式通风设备作为自然通风的补充。

1. 在留人区安装空调

留人区域人流密集，可以采用侧送风形式对场地内部人群直接送风，节能效果比较好。

2. 良好的气流组织可取得事半功倍的效果

侧吹风的同时可采取变换送风方向的方式来满足不同季节不同的送风要求。

3. 采用可调节气流

可调节气流来增加或减少气流速度，从而满足不同用户的需求。

4. 增加喷流系统

喷流系统可以防止因空间大、举架高形成的温度梯阶。

（四）场馆照明系统

老工厂改造成的体育场所照明主要采用自然采光和人工采光。自从北京奥运会成功举办之后，天然采光这种绿色环保、健康节能的照明方式越来越受到人们的重视。尽管得到了重视，现今体育场馆的采光仍然是要以机械人造光为主。这主要是因体育场馆跨度的限制以及不同的比赛对采光的要求不同。那么，在老厂房改造成体育场馆时，我们如何发挥老厂房优势，充分利用其结构基础，开发适合的灯光照明方式服务于来此健身的百姓呢？

首先，我们必须利用好老厂房一般采光好的优势。大体量的落地窗，可以更好地满足体育场馆的侧面补光问题。有些年久失修的老厂房，需要对屋顶做重新处理，那么是否可以考虑直接改造为天顶采光的方式，加上侧面补光，基本可以满足普通运动健身需求。

在合理采用自然光的前提下，优良的区域划分更利于灯光布置、节能减排。举例来说，如果老厂房的南北两侧有落地窗，那么区域划分尽量不要采用东西间隔，要充分让光线照射进来，可以把一些有高度的设备往场地中间部分集中，例如篮球和羽毛球等。这样既不会有自然光线刺眼的困扰，也会大大发挥空间采光的优势。

人造机械光要按照运动的需求合理安排，尽量做到可调节，既实用又节能。

（五）场馆装修材料

体育场馆的装修材料最主要的是环保。劣质的装修材料对人体健康影响很大。体育场馆为大型人流密集型场所，对材料的环保级别要求很高，要求甲级环保材料甚至更高级别。主材也应大量采取场外加工的方式，减少场内加工，乳胶漆、运动地胶或地板、成品防护板都要达到国家环保要求，不可以浮夸潦草。对于胶或者漆的使用尽量少或是用别的材料替代。

所使用的地板、地砖、墙面装饰，要保证其防火、防潮和其实用性。一般可以采用集成化的墙板替代乳胶漆和涂料，减少连接胶和墙面起皮带来的危害。

另外，如果需要局部隔音，需适当采用隔音板，给相应空间带来保障，有些环保板材可以达到保温隔热的效果。

对于材料的选择要充分考虑到其耐久性和日常打理，不能只看眼前不顾长远。

在老厂房改造成体育场所的过程之中，除了要满足体育场馆改造工程的基本材料要求以外，也要充分考虑已有建筑与新材料碰撞结合的问题。怎么样在满足基础功能的同时，最大限度保留老厂房的痕迹，把它作为一个文化符号留存下来，并对其充分利用，也是我们需要挖空心思去思考的问题。在此前提下，应避免硬装饰，和不合理地叠加材料的方式。

二、合理的布局是多元化体育场馆改造的重点

（一）多元化场馆的基础条件

1. 体育场馆的多元化

一个多元化业态的体育场馆，不仅仅可以丰富百姓运动的选择，满足更广阔的需求，也给运营提供更多机会。我们先来看看欧美体育发达国家的做法是否可以给我们提供一些新的可能和借鉴。最主要的是体育赛事以外对于闲置时间的利用，主要是举办大型活动。除了场馆租赁这一运营模式，还可以依托场馆积极开发运动、文化、娱乐活动等综合性内容，实现场馆利用最大化。美国洛杉矶斯台普斯体育馆2013年举办非体育活动63场，收入达8 040万美元，而当年4支职业俱乐部的赛事门票总和只有2.82亿美元，仅活动收入就已赶超同类赛事收入了。

2. 配套服务多元化

配套服务多元化可以提升用户体验，增加场馆优势：良好的用户体验已经融入了国外体育场馆设计、规划和服务上面。场馆多元化的配套服务也是从最优的用户体验入手，提供多样性的服务满足不同用户需求，吸引更多人群。为满足活动的巨大人流量的需求开发周边停车场、餐饮、酒店、购物等配套服务。美国职业棒球大联盟MLB球场2013年仅热狗就卖出去2 000多万个，酒水市场利润更是高达90%。另外，国外场馆服务也越来越趋于差异化发展，个性

化的定制服务必不可少。有些场馆已经成为俱乐部的文化与品牌平台。场馆内设有博物馆，还开发了一些场馆参观与旅游项目，为球迷带来别具一格的文化之旅。[①]

3. 连锁性经营

企业通过委托运营、租赁经营以及管理输出等模式进行场馆的多样化运营，使得品牌优势得以体现，提高品牌竞争力，增加收入。同时，运营商可以复制一套内容到不同地区同品牌场馆内，大大降低合作成本。国外的大型连锁体育场馆运营商如AEG（安舒茨）、GLOBAL SPECTRUM（全球谱）等公司都是多元化经营的高手，它们旗下品牌不仅仅参与赛事运营、场馆经营，还涉足俱乐部与大型文化娱乐活动，这种跨领域的管理和运营合作，国内仍然非常少见。

4. 场地的租赁

场地的租赁是球场稳定的收入来源之一。租赁的内容除了场地本身以外还有其附带的商铺、设备等。租赁人是场馆的直接用户，一般是通过场地自有流量嵌入其他业务消费的模式获取收入。在常态的国外场馆租赁过程中，场馆不只是单一收取场地租赁费用，还要参与活动和商铺的收入分成。但是，国内大多数场馆仅收取场地费，缺乏品牌力量和活动的话语权，利润也颇低。

5. 无形资产的收入也是场馆重要的收入来源

这里包括体育场馆的冠名权、经营权、内外广告以及技术等。

---

① 黄昌瑞等. 美国大型体育场馆的盈利模式及启示 [J]. 体育文化导刊，2017（12）.

无形资产的收入可以有力地补充场馆建设、翻新以及日常运营的费用，如NFL亚特兰大猎鹰队在2015年获得梅赛德斯奔驰长达27年的冠名赞助；全美三大职业联盟有超过1/3的场馆拥有冠名协议，年平均费用超过500万美元的场地有25个，其中冠名价格最高的是花旗球场，高达2 100万美元。场地广告也是无形资产的重要组成部分，特别是在赛事转播中，场地广告成为品牌争相竞争的理想领域，而它不仅仅包含固定的广告牌位置，它还涵盖看台、座椅、通道等一列公共区域位置。

6. 管理运营

国外体育场馆一般通过企业化的管理模式，使日常人力成本、能源成本、维护成本得到有效的控制。国外场馆在非比赛日期间，几乎空无一人，整个场馆只有一两名工作人员在监控室负责场馆日常安保工作，其他相关团队只有在比赛日与大型活动期间才会出现。国外场馆大量使用兼职人员和项目外包，大幅度降低了场馆人力成本。能源控制上，国外也表现出了很多亮点，例如，美国迈阿密美航球馆在得到100万美元的企业赞助后，把钱投入了仓库和废旧物管理系统上面进行绿色环保改造，改良后的场馆消耗费节省了160万美元。①

（二）国内多元化体育场馆的实施

国外的体育场馆规划设计与运营模式已经很成熟了，而且仍然

---

① 国外大型体育场馆成功的运营模式分析 [EB/OI]. 领先体育，2018. http://www.avant.cm.cn.

在不断创新，是我们在做改造规划与运营时可以参考的对象。与此同时，国内的场馆多元化改造和运营方式也是越来越丰富多样，尽管还没有国外的市场化那么成熟，但是已经有了改变，如伴随着中国体育产业的发展，PPP模式（政府与私人组织的合作）就是向市场化运营迈出的坚实一步。这给体育场馆建设、运营提供了更多选择，企业在这种模式下也有了更多的话语权和自主权。国家发改委国际合作中心体育产业办公室将启动《采用PPP模式建设运营体育场馆的调查研究》课题，并正在筹备举办"全国体育产业PPP论坛"。这种新战略和相关政策的出台势必会促进我国体育场馆的发展，并在不断创新和学习中建设成为人们心中喜爱的、满意的运动场地，这也是在政府放开对体育赛事审批和对场馆运营的市场化改革之后得以大力推进的。由此，我国体育场馆运营将面临着重大发展机遇。这种社会化、市场化、应用高效的企业运营管理模式，是体育场所运营成败的关键。在人力成本控制、能源损耗控制、增加场地租赁、运动配套销售、餐饮与娱乐项目、商业广告与商户管理等方面实现效益最大化，场馆智能化、人性化，从而实现品牌输出、连锁化经营。

三、多元化动线合理互不干扰

（一）动线重要性

说到动线，其实这是一个很久以前就应该被重视的问题。这关系到一个空间的基础，也是设计的骨头。好的动线设计不仅可以更合理地利用空间，也可以使商业空间的销售热度增加。但是，大多数动线设计似乎总无法融入环境的整体设计效果，而且总是被忽略。尽管近些年来的私人或商业空间的设计动线多少被人重视起来，但仍然时常听到客户或是业主的抱怨。大型公共空间的动线设计，如果没有细心考量，不加以规划，无论在商业角度还是用户本身角度都会在今后遇到很大的麻烦。室内空间的动线设计，常常让人走回头路，不仅没促使销售的获益，而且，顾客的抱怨更是不计其数，由此产生了很差的用户体验，甚至是对业态的放弃。

（二）动线的合理性，以人为本

动线的设计不仅仅要考虑到用户的最短距离问题，它更重要的是能满足业主的销售需求，但是这里有一个前提，满足销售环节的动线前提一定不能是令用户反感的，合理的销售动线应该是潜移默化，甚至是让顾客感觉到心满意足的。这就要求动线的设计要从以人为本的基础需求开始着手。不同业态空间产生不同的动线，在做具体设计时，业态内容、空间尺度、空间高度，甚至装修风格，都是对动线设计产生影响的因素。

（三）动线基本的分类

1. 交叉式动线

也就是点状的设计动线。这种设计动线在一些人数众多，且相对低端的项目中比较常见。例如批发市场，来往的用户一般目的性较强，他们可以通过明确的视觉导视系统或是以往的购物体验快速定位他们要寻找的商品，他们不会吝惜逛完空间每一个角落。这种空间构造也是由其特殊业态的性质决定的，就是商家之间位置间隔较小，非常密集，商家的组成、排序也是要通过密集的群体效应构成。顾客到此选择性较大，可以集中购买。

2. 以中心点为单位的发射性动线

这种动线的特点如其名，就是要以中心点为核心，再去寻找其他布局的存在。若想放大中庭的效果，可以采用此类方式进行设计。有一些带有大型挑空空间的商场，往往采取此类方法。但必须要做到行走路线的畅通，顾客可以通过任意出口到达他们想要去的地方。这样，顾客随机消费的体验势必减弱、但某种程度上也带给那些目的性很强的消费者以效率的提高。

3. 蓄意分支路线，也称大树路线

蓄意分支路线就是一条主路带有无数分支。这种动线的设计跟中庭式放射路线很像，然后在明确的路径上，顾客的选择会更多。但是，这同样造成了顾客随机消费的不足，以及时间上的浪费。但对于经营者来说，这种设计既明确主次，又明确方向，相当于前两种动线的合体。

4. 单行道

也就是从进到出只有一条路线不得不在这一条线上完成一切业态的设置。这种动线设置的好处不言而喻，就是增加顾客的消费。使顾客可以掌握空间里每一个角落的业态信息，从而随机选择。以宜家为例，你如果想去吃那个一元钱一个的冰淇淋，你先要做的是逛完它所有的家居。在这种动线设计的前提之下，商家就可以再进一步，结合用户的购买心理以及预期进行合理地业态分配。宜家首先让你进入一个它们构建的你未来的"理想国"。从场景化的空间走起，让你产生切身感受。你不禁会说，哇，这太棒了！之后，你的购买欲开始让你追着这些家居用品极速寻找了。一件件物品下来，你不停地装进你的购物车，或是在便签纸上记下货号，你开始变得理性，从疯狂转而思考是否合适，同时也进入了一个采购疲劳期。这个时候，一个更让你欣喜若狂，符合你心理预期的餐厅出现了，一道道北欧风味的餐食，明亮开阔的环境正是你的理想之地，你坐下来，喝杯咖啡，舒缓下你的情绪，休息下你的身体。与此同时，你看到在一个不遮挡的空间内，满满的都是人，他们与你一样，也是采购了很多商品。比较的心理，让你重新振奋，休息过后，重新上阵。小孩子可以停留的地方也让你产生了对这个品牌的黏性，甚至在你自提货后搬了一堆货品回家的路上，还说，我们下次再来。

所以，一个好的动线设计，决定了是经营者选择顾客还是顾客选择经营者，顾客是在享受购物过程，还是想找个出口尽早逃离。现代商场的扶梯位置设计似乎也考虑到这个问题，你无法做到点对点的位置寻找，你需要先做的是找到下一层的电梯，而你在去电梯入口的行走路径上，那些周围的业态正是你非意识的购买动机。

第五节　如何让辽宁老厂房改造成的便民体育场馆更具人性化

我们是否也可以重新思考已经被模式化了的大多数体育场馆动线设计呢？在多元化经营的可能性被肯定之后，一个良好的设计动线是否也能满足更多用户的需求，从而让他们不仅仅可以得到锻炼，也可以获得更好的配套服务体验。我们是否可以通过良好的动线设计，让来此锻炼的人满意的同时也使经营者获得更大的收益。

一、注意业态的关联性

因为多元体育场馆的特殊性，来此进行体育锻炼的人，往往已经提前决定了自己要参与的锻炼项目，目的非常明确。那么就需要我们在设计动线时要关注业态内容的相关联性。这里面分为三个方面：

（一）空间的关联性

篮球场地与羽毛球场地的高度要求与健身区域有所不同，所以就要在进行前期设计规划时对场地高度面积要求相近的区域进行整合布局，并合理分配公共区域、缓冲区域，以及周围配套。这样可以大大节约空间，也使装修及热能消耗、维护成本等大大降低。

（二）内容的关联性

所谓内容就是运动项目。拿常见的篮球场地为例，一般将两块场地篮筐之间作为缓冲区域。但是周边区域并没有形成共享，只是作为通道进行使用。对于一个综合性的运动场所来说，这种单一通道性质的区域势必造成极大的空间浪费。我们在考察过程中发现，尽管这些民间体育场馆并没有专门设置观众席，但是，无论是羽毛球场馆还是篮球、足球场地，都分别预留了一定的供观众看比赛和运动员更衣的空间。是否可以将运动更衣与淋浴区域合并成统一区域，并设置在整体空间入口处，这样整装完毕后即可直接进入竞技区域，未尝不可作为一种空间规划的尝试。通过观察，我们发现民间运动场馆内，除了运动者以外，少有特意来观看的观众，大多是休息等待的人员。在这种模式之下，可以把休息以及更衣区域放置在周围二层夹层，再配以饮品、餐食等业态，人流导入率和空间使用效率将大大提高。

（三）主次有别，业态布局合理清晰

现在单一性质的民间体育场馆有很多，以足球、篮球、羽毛球为主，配以水吧、健身房、淋浴间。但是，一个能容纳更多业态，可以更好地满足周边群众运动需求的场地，对空间分布的要求更高，需要更加明确与合理的设计，不能做成大而空，或是小而杂。我们可以以大带小的模式进行场地整合，举例来说，足球和篮球的场地需求面积较大，羽毛球场地需求较小，那么我们可以采取足球+羽毛球的形式或是篮球+羽毛球的形式，形成一个场地整体空间的核心区。再通过放射性的动线设计，把周边作为这两种业态场地的配套。这样，不仅仅提高了空间使用率，也使得来此运动的市民一目了然地观察到个人所需。

更衣室的设置对于比较拥挤的场地来说看似奢侈，但是上文提到，它可以很好地解决场地周围预留区域空间整合的问题，同时也给人带来相对隐私或是场地品质升级的心理感受，在具体操作时还需要结合不同场地的情况。跟更衣室配套的就是淋浴房。虽然淋浴房的设置极大地提升了空间品质，运动者也的确需要运动后的这一环节，但是民间体育场馆很少会提供此业态，原因就是日常维护管理成本较高，以及场地拥挤、空间无法划分等问题。这以上文说到的以大带小的方式可以得到解决。篮球+羽毛球是第一层面的大带小，那么羽毛球+健身房是第二个层面的大带小。如果我们把二者合并，就会发现，篮球+羽毛球+健身房+更衣室、淋浴室的整合模式便可以在平均面积分配上达到合理，因为这几个运动项目都对淋浴有需求。当然，对于一些面积实在不够用的场地，就没必要硬性考虑淋浴室的配置。主要还要根据地域消费能力判断，毕竟更好的配套，门票价格也更高。

二、内外布局统一安排，整体性不容忽视

所谓的内与外，是建筑内部空间与周围外部配套空间的整合关系。换句话说就是，外部空间不容忽视。运动场馆外部空间给人以第一印象，相当于一个门面。你对外部空间设计的重视程度也会对内部空间的吸引力产生影响。然而，我们常见的民间体育场馆外部，基本是公共的、混乱不堪的停车场，提供免费的或是单一收费的场地可不是一个聪明的举措。因为无论是提供免费的，还是单项收费的停车场都会给经营带来混乱和抱怨。例如，你如果设置免费停车区域，或是共享周围区域停车，你很难管理好进出车辆的时间，也势必会给周围停车用户造成困扰，从而产生不必要的麻烦。

但是，如果你采用收费性质的停车场，前来运动的群众势必会反映其不合理性，因为你相当于赚取停车和运动场馆使用双重费用。也许，我们要从如何让人感觉物有所值的角度开展我们的思考。我想，除了精细化的室外空间设计以外，附加值应该产生于得到更好的服务上面。我设想把汽车影院的形式接入体育场馆外部停车环节。我们在车里等候时可以观看车外的大屏幕，上面播放一些赛事或相关纪录片。这样可以舒缓我们在运动场馆外等待时的焦躁心情，更好地利用运动后的剩余时间。在某种程度上，这个业态的设置可以分散室内部分的休息区域功能。餐饮区域可以设立外卖窗口，提供观影餐食，当然，这些一定只是健康餐。一个单纯的个人运动活动，就在各种配套功能的驱使下，放大成了一个家庭或是群

体的健康的活动日，你可以在这里享受运动的快乐、健康的美食，以及精彩的节目。

三、充分利用高举架与部分老厂房遗留的空中移轨[①]

（一）被遗忘的空间属性及特点与众不同

由于场地限制以及需求的多元化，空间可拆分性需要被重视。如何合理利用一个空间，充分发挥每一个角落的作用，实现多种经营模式，需要合理的空间可调配和拆分方法。

当我们去探寻老工厂改造成便民体育场馆的可行性时，我们先从老厂房的特点着手研究，我们发现老工厂自带"流量"的砖墙、设备、结构、地点及历史意义已经被人们广泛讨论并实际应用过，尽管仍有可以优化的地方，但我们总觉得应用得不彻底。我们发现，几乎每一个中型以上规模的厂房，两侧都带有可供空中吊装货物的空中移轨，有的甚至还保留有调运仓，这让我们眼前一亮。我们在讨论老厂房改造成便民运动场馆的可行性时提到了改造后场馆的多元性，不仅仅提供给经营者业态的多种选择和出口，同时，多

---

① 空中移轨[EB/OL].百度百科 (2020-02-19). https://baike.baidu.com/item/天轨/9928627. 又称"天轨""天车轨"，也叫"吊轨"，是桥式起重机（天车）在天空中运行的轨道。桥式起重机的桥架沿铺设在两侧高架上的轨道纵向运行，起重小车沿铺设在桥架上的轨道横向运行，构成一矩形的工作范围，就可以充分利用桥架下面的空间吊运物料，不受地面设备的阻碍。桥式起重机广泛地应用在室内外仓库、厂房、码头和露天贮料场等处。

元化的体育场馆也可以满足更多百姓的运动需求。那么场地的划分方式就要更加细化，空间使用的效率也要进一步提高。

（二）空中移轨的特点

1. 载重量大

一般分为5吨、10吨、16吨、20吨、25吨、32吨、40吨、50吨。

2. 运行速度快

大车80-120m/min，小车30-50m/min。

3. 安装位置佳

空中移轨安装位置在厂房空间的最顶部的两侧，中间有桥架，无其他阻拦遮挡。

4. 工作方式

大车沿两侧轨道纵向运行，小车沿着中间桥架轨道横向运行，运行范围呈矩形。

（三）如何把移轨作为改造亮点

如果我们利用好了空中横向纵向轨道，移轨可覆盖的范围就是整个空间。这就意味着，我们可以灵活做空间的间隔，并以非常快速的方式进行空间拆分组合，我们只需要充分利用移轨来做可移动墙体间隔。

我们可以按照场地不同项目的使用人数来划分。例如：两块标准室内足球场地，或是四块篮球场地。如图2-29所示：

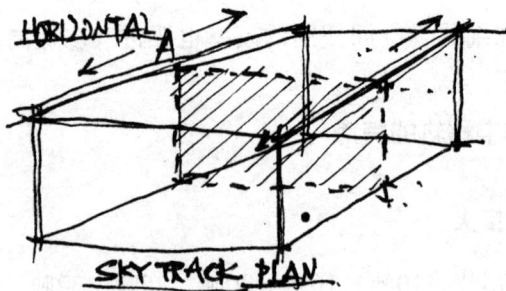

图2-29 横向移轨隔墙尝试草图1

我们还可以根据不同的参与人数，把剩余区域关闭，这样大大节省了能源消耗，同时运动场的气氛也显得饱满热烈。如图2-30所示：

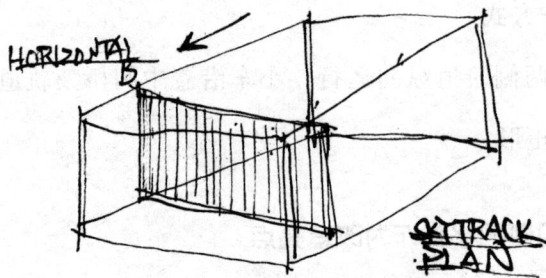

图2-30 横向移轨隔墙尝试草图2

另外，可以充分利用移轨的起重吨数，合理地安排垂直的空间使用，把需要更高举架的运动项目放在下面，从地面升起或从空中降下一层隔板，把不需要太高举架的运动场地放在空中。如图2-31所示：

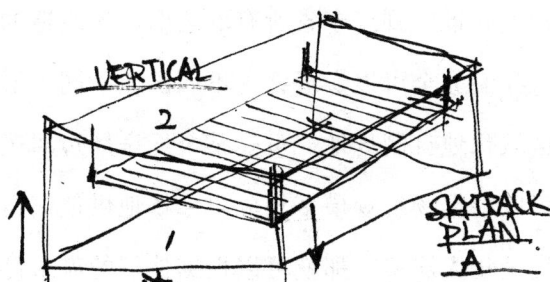

图2-31　纵向移轨隔墙尝试草图1

当我们充分了解了空中移轨的优越性以后，我们便可以灵活拆分整个空间，横向纵向一起使用。这样根据不同的业态功能拆分不同的空间尺度，以满足更多的需求。如图2-32所示：原本一个整体区域，现在按照功能需求的不同可以拆分出来三个活动区，A活动区为需要举架高度的运动；B活动区是不需要举架高度，但是人数相对较多的运动；C活动区是不需要举架高度且人数较少的运动。

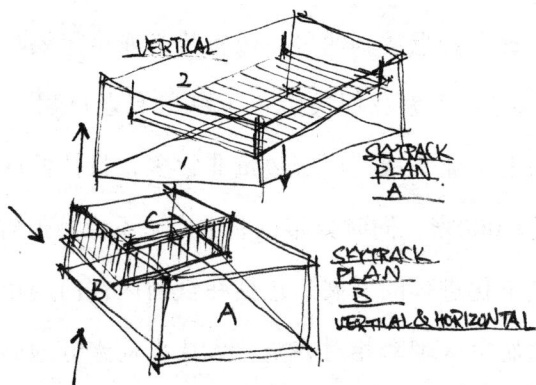

图2-32　纵向移轨隔墙尝试草图1+2

这样，我们完全可以实现订制化的体育场馆运营体系。也就是根据每天（或按周、月、季度）预约人数的不同，去临时改变场地规模，实现效率化、可控化运营。由于采用了可拆分的方法，便可以把这种运营模式推广到辽宁省所有的老旧厂房改造的便民体育场馆里。因为，我们完全可以实现针对不同区域不同人群的体育运动需求倾向来区域化地订制场地。可能某个厂房周边居民的足球热情高涨，那就可以根据场地规模多划分出来场地供他们运动；如果某厂房周围区域老年人居多，那就可以根据他们的需求订制不同的适合他们运动规模的场地。

四、通过调研和实验模型草图分析得出结论

（一）场馆位置

辽宁省老旧厂房改造成便民体育运动场馆的可行性研究的重点就是场馆的位置。若想达到便民，位置势必非常重要。这有时候是我们无法控制的，因为我们决定不了哪里有老厂房；然而幸运的是，沈阳作为老工业基地，厂房数量非常多，只铁西区一个区块单位里就有超过1 000家，同时分布也非常广（不像其他省份厂房集中在市郊）。城市化进程的发展，包括在铁西区在内的市内几大区域的老厂房周边居民区配套相对齐全，入住率也十分地高，年轻人群居住地撤离市中心也在升温，所以满足他们消费和生活的配套设施正在这些非市中心区域疯狂增长，也许某个综合商业体附近就有几个老旧厂房。

（二）多元化灵活定制

通过业态和布局实现多元化构造以及灵活性高订制化的场馆分区。因为区域与区域不同，城市之间也有差异，如何更准确地抓住用户的行为和心理，如何更好地服务于百姓，这种差异化的可变式的空间可有效解决这些问题。把老工厂改造成为便民体育场馆未尝不是一次全新的尝试。

由于场馆利用老长房移轨的特点使得运动场馆的改造实现空间多元化、业态多样化的模式。我们便可以规模化这种概念。我们是否可以以运动为基本点，展望其未来更多元化改造的可能性。我们是否可以打造体育综合体的概念，连带餐饮、住宿、文化、教育、购物、运动于一体的综合性运动城的概念。整合周边其他厂房布局，做好室内外可拆装可调节的规划，形成更多样化的经营和设计模式。也许一种设计模式或是空间整体的规划，不足以改变健身场馆的现状；也许某一种模式的建立也无法撼动经营者的意图，但是，我们可以利用好现有老厂房的特点，充分发挥老厂房的功效，从现场角度出发，从实际角度出发，重新思考如何能把便民体育场馆做好、做新、做的有特点，重新思考如何真正服务于百姓，如何更多地服务于他们，解决他们的实际困难。我们坚信更有机化，更人性化，更点对点、人对人的未来可变性的空间规划是可以在老厂房改造成便民体育场馆的项目中得到应用的。

我们试图通过小空间的设计方式，对一个整体空间进行拆解，借用移轨方式对空间进行重组。每一个区域针对场地面积需求订制化区分。这样实际上把一个整体空间，划分成无数个单体空间，在它们的外部就是大家可以利用的共享空间。通过这种方式的划分降低了空间内人的密度，也从另一个角度使空间分散，利用率更高，能源利用更高效（如图2-33、2-34）。

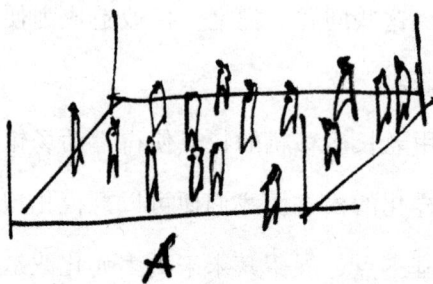

图2-33　原有场馆空间的样子

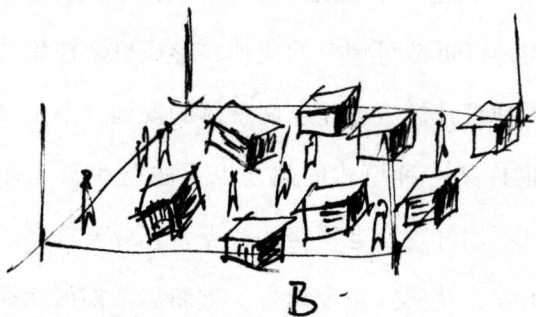

图2-34　把空间拆分成无数个小空间后的样子

通过这种方式的思考我们可以横向展开空间的规划，使空间利用率更高。所以，我们进行了进一步的思考，考虑进行横向展开的空间划分，再叠加纵向规划。我们利用移轨的荷载优势，以及它横纵向均可发展的特点，通过升降的方式，从地面将二层地面升起，或是从棚顶把二层地面（也就是原始单个空间的棚面）降下。这就意味着将一层横向展开的多个拆解空间乘以了二，场馆面积放大一倍。在一个全新的老厂房改造而成的运动场馆里，我体验到了更多的运动可能，有更新鲜的空气，人也更集中在自己的队伍，没有原来的很多干扰，场馆里的配套功能也更丰富，使用也更加便利，动线明确（如图2-35）。

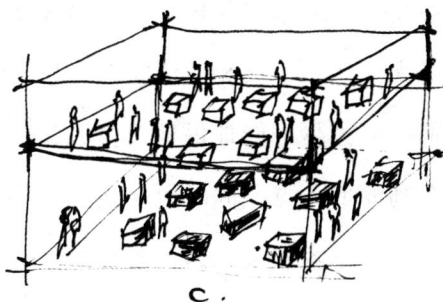

图2-35 空间纵向划分叠加到横向空间组合的基础上

五、理想化的业态布局分布与附加值

（一）项目业态

对一个便民体育场馆的空间划分和业态布局进行规划，首先需要考虑的是场地的提供，从运动的需求以及频率的角度来讲，什么运动才是最被老百姓接受的，到底是篮球、足球，还是羽毛球，这个主体业态决定着其他业态叠加的分布和功能。当然，有时业态的确定也与经营方的个人喜好或是国家的提倡有关。某些事件也可以改变全民运动风向。例如2002年中国队冲进世界杯后引发足球热，男篮打进世锦赛后兴起的全民篮球运动，长期以来在我国很受欢迎的乒乓球和羽毛球，这些都可能形成一个全新的爆发点。所以，一个长足的运动业态考虑与场地可调节的划分关系十分紧密。

（二）辅助配套功能

我们经过观察发现一个单一的体育场馆是无法满足全民运动锻炼的需求的。但是多元化似乎又相互干扰。所以，无论你运营的是哪类运动场地，都需要去尽可能地做运动多元化的考量。例如健身房，它既是又一个利润增长点，同时也是主体业态的配套，但是，业态之间的相互作用也不容忽视；运动理疗既是运动的必须配套，同时，从商业运营角度讲，健康大数据也可以指导人更清晰了解自己的身体机能。长期以来，这种健康数据的积累不受重视和关注，但是随着时代和技术的发展，更平民化的、以大数据为依据、更科学的运动与恢复过程势必被越来越多的百姓接受。毕竟运动也是为了健康，某种程度上，全民运动、全民健康也是国家发展的一个重要标志。

（三）健康导向

如果运动完还可以就近吃一份健康餐那就完美了。大多数民间运动场所会提供水、面包等辅助餐食。但是，运动后的合理饮食也是现在餐饮业的一个风口。我们可以合理地规划运动餐厅或是窗口，去与运动休息区域、更衣区域、等候区域结合，形成一个集餐饮休闲功能于一体的一个综合区域。在世界或国家重大体育赛事转播的时间节点，我们可以将人群从饭店和大排档、酒吧一类的地方吸引出来，到我们规划的这种综合运动空间共同收看比赛。当然，我们也可以参考国外俱乐部的运动场馆，设立单独的博物馆，我们会在下一章节具体讲述。

（四）学习、模仿、超越

1. 学习影院的运作模式

（1）运动衍生品

把运动衍生品植入进来，让这种既不占空间又可以有附加值的产品类业态变成空间装修设计的一个配饰亮点；让用户可以有直接被带入的感觉。就像宜家动线把样板间放在第一环节一样，增强代入感，让群体感觉这里就是自己的家，我们也可以让前来运动的人感觉自己就是乔丹、梅西、C罗、詹姆斯等。

（2）便利的售票方式

便民运动场馆可以采取无人管理模式，大大降低人力资源成本。采用网络售票、手机扫码、人脸识别等技术，以闸机的形式进行出入管理和时间管理。推广团购等网络便民举措。设置单次付费与提前购买或单次大数量购买的价格差异。

（3）提高会员制服务

经济学中的玛特莱法则①，即2/8定律表明，80%的营业额来自20%的用户。所以，要特别注重会员管理。要对客户数据进行采集及分析，对客户喜好和行为进行记录：他周几来做运动，都是什么时间来做运动，他运动的项目一般有哪些，会不会在健康餐厅吃饭，会不会去水吧买水，是否有其他消费行为，是否开车，等等。这样，通过大数据分析，即可得出会员客户的需求与喜好，可以通过数据来调整场馆空间的布局（我们会在后面提到如何调整场馆布局）以及经营模式。

2. 模仿餐厅的运作模式

（1）个性化问题

现在的餐厅都力求在环境上做到使来到这里的顾客不仅仅可以吃，还可以拍照和娱乐欣赏，越来越贴近年轻消费群体（运动群体还是以年轻人为主，老年人为辅），而且全民手机拍照发朋友圈和微博也十分流行，似乎也打破了年龄层的界限，运动群体亦如此。

（2）气氛更重要

现在很多以音乐为主打的餐厅，我们统称为音乐餐厅，其实菜

① 牛丽莉，丁红."马特莱法则"在管理中的应用 [J]. 领导科学，2001（16）. 马特莱法则：经济学法则，由19世纪末20世纪初意大利经济学家弗烈度·帕累托提出。经过长期对群体的研究，他发现：在任何特定群体中，重要的因子通常只占少数，而不重要的因子则占多数，只要能控制具有重要性的少数因子即能控制全局。经过多年的演化，这个原理已变成当今管理学界所熟知的"80/20"定律，即80%的价值是来自20%的因子，其余20%的价值则来自80%的因子。它的要旨在于将20%的经营要务，明确为企业经营应该倾斜的重点方面，从而，指导企业家在经营中收拢五指捏成拳，突出重点。

品没有什么变化，但是，在互动环节增加了小舞台和乐队歌手。我们也可以在场馆增加DJ，这样可以很好地调节气氛、渲染效果，按照人群和项目的变化来播放不同的音乐。

（3）增加亲子环节

2014年，国内儿童消费市场规模超过4 000亿元。何止餐厅，许多商场、影院、公共图书馆也都增加了儿童区域。当然这些公共场所里的儿童配套都是为了更方便家长进行正常的活动，给孩子一个可以自由玩耍的空间。在运动场馆里，也可以设立一个儿童活动或运动的区域，有监控和区域进出的管理，增加运营亮点和消费机会。这样就不会出现爸爸来运动，妈妈在家带孩子，妈妈来运动，爸爸在家带孩子，夫妻俩来运动，没人带孩子的现象了。家长可以选择带着孩子一起来运动，让他们从小感受运动的快乐。

3. 尝试超越常态化运营

（1）我们可以尝试明星模式，带动普通运动民众的热情

例如，我们可以请来当地篮球明星或足球明星坐镇，开见面会，进行现场指导，甚至举办与明星同场的比赛。这种模式在广告推广上经常会看到，我们可以加大专业体育运动走向民间的力度。我们也可以与场馆广告商合作来进行这项活动，因为广告的投放也取决于场馆的流量。尽力实现多方共赢，让老百姓得到实惠，增加运动热情，场馆知名度也得以提升。

（2）如果这个运动场很酷，完全可以变成广告、发布会、电影的拍摄地

增加场馆的曝光度，不仅可以提高场馆知名度，吸引更多百姓，同时，可以获得更优厚的回报从而回馈百姓，增加相关业态以及维护频率。

（3）可以在局部空间实行24小时运营模式

就像错峰上下班一样，运动也要在时间上打破传统。可以在一小部分健身区域实行24小时营业制，采用智能扫码计时，经营者无须特殊安排人员服务。这样，一些无法在正常开馆时间去锻炼的人群，也可以在自己方便的时间前来运动；长夜难眠的人也多了一份健康的归宿，可以选择去运动；喜欢单独运动和练习的人也能在非常规时间享受单独一人包场的服务。

4. 具体问题具体分析，实事求是

增设运动用品商店是一个既满足用户需求同时也增添空间亮点的举措。虽然很少有用户带着强烈目的性来这里重复购买商品，但多元化的经营业态，可以从多种角度体现带入感，而且很容易产生群体效应。这里面的核心是经营方是否重视对于场地以外的多种经营方式的考量，还是一味地想着依靠门票这项盈利。这里面有几个方面可以在老厂房改造成为的体育场馆内体现：

（1）充分利用老厂房的文化特点

既要使老厂房改造成为便民体育场馆成为可能，也要提升场馆的差异化。老厂房的结构特征与其他普通场馆的构造并无太大不同，所以，就要挖掘老厂房的历史和文化的属性，再重新布局设计类似运动用品商店这样的业态。

（2）要打破体育用品商店的界限，充分考虑跨界的可能性

如，体育用品与文化的综合叠加。创建带有城市文化特色的自主品牌，跨界经营与运动相关的辅助器械，如心率表、体脂秤和运动恢复辅助器械。

（3）结合本地文化特色，加入艺术升华店面品质

我们可以把运动产品商店变为艺术品衍生店，加入艺术家元素（如adidas、NIKE、Y3等品牌与艺术家的合作），这样不仅仅提升产品价值（人们不在健身房购买这些产品的很大一部分原因，就是不仅种类很少，而且经常无故加价，一点附加值也没有），也可以提升空间的多元化和文化趣味。

（4）加入科技元素

体育场馆早就已经加入了科技元素，AR（增强现实）、VR（虚拟现实）、人工智能，这些科技成果在体育场馆中的应用，我们并不陌生，并似乎习以为常。但是，这些在平民化的体育场馆中却很少被应用。主要原因可能是投入成本问题，还有就是来此运动的市民对此不是太在乎，因为这些场馆只是刚刚满足市民们的一些基本需求。科技元素的加入，可以让人更好地融入空间，使科技切身服务于人。而这些科技成果所产生的附加值难以估量。

（5）广告设置（好爸爸好妈妈模式）

对于商业广告的投入就可以结合以上内容进行有效招商。把广告融入装修环境，形成一个不讨人厌同时又很时尚的景观。对于广告的投放也要有所选择，以运动、健康、体育配套、健康餐食为主

的品牌式投放为佳。如果在一个运动场地周围看到一则关于"脱发"的广告宣传板，会令顾客感觉很尴尬。

广告应该以组的形式出现，应当进行重复视觉冲击，这样才能在大空间内产生效果，才能让受众群体记忆犹新。视觉冲击力需要依靠色彩的鲜明对比或是醒目高亢的广告语。要切实抓住用户群体年龄层以及喜好。可以有针对性地结合老厂房的文化内涵，跨界进行城市文化、老厂房历史与体育运动的互动，这样更增加定点投放的效果。甚至可以选择为每个不同地域的便民场馆进行专门的广告设计，力求达到更加抓住人心的效果。

增加儿童相关产品的广告布置，当然还是要以饮食、健康、运动为主。我们称之为"好爸爸好妈妈"模式。顾名思义就是让用户来运动的同时，看到广告提醒意识到孩子也应该参与进来。这在用户刚刚进行了一场酣畅淋漓的健康运动之后非常有效，因为他们刚刚在自我实践中获得了快乐，获得了健康和前所未有的舒爽，当然想让孩子也有同样的体会和行为，毕竟中国人讲，孩子才是父母的希望。

第六节　发掘辽宁老厂房的文化特征，把辽宁的历史融入体育场馆的整体设计

一、文化的依托

（一）大文化概念

爱因斯坦在他的德文版《我的世界观》[①]中提到，如果人们想评估巨大的政治灾难对人类文明发展所造成的损害，必须记住，更为精致的文化像一株需要细心呵护的植物，它的生长依赖于一系列复杂的条件，并且无论何时，它只会在少数几个地方茂盛生长。为了让它生长旺盛，首先，需要一定程度的繁荣，这样才会使得一个国家的一小部分人能够从事与生活所需没有直接关系的工作；其次，需要一种尊重文化成果和文化服务的道德传统。正是由于这种尊重，这一人数较少的阶层才可以依赖其他直接提供生活必需品的阶层生存下来。他拿德国举了例子：德国一直是满足这两个条件的国家之一。总体来看，它们繁荣的程度并不是很高，但是也够了，对文化传统的尊重之风也是很强的。在这样的基础上，德国人创造出了许多在现代世界发展史上不容忽视的重要文化成果。尽管这种

① 阿尔伯特·爱因斯坦. 我的世界观 [M]. 中信出版社, 2018.

传统基本上完好无损，但繁荣已不复存在。这个国家的工业几乎完全被切断了原材料来源，而这恰是从事工业的那部分人口赖以生存的基础。

所以对一个国家、一个民族文化的尊重奠定了一个国家的发展基础。大国、强国的国防、科技、人文、教育等方面都难以脱开文化的脉络单独拿出来论述。所以，当我们去论述老厂房改造成体育场馆的可行性时，文化的前提必须放在第一位。因为老厂房其实就是国家发展的见证，它见证了历史，了解这个城市太多的故事。只有对这种精神财富足够重视，在文化上才能脱离贫困。如果我们只单纯地把老厂房当成一个空间来对待，那么便失去了改造的意义。

（二）小文化概念

真正的文化具有内涵，换句话说，真正的文化都在于内涵。龙应台曾经写过一篇散文《文化是什么》，里面说道："文化？他是随便一个人迎面走来，他的举手投足，他的一颦一笑，他的整体气质。"文化其实体现在一个人如何对待他人、对待自己、对待自己所处的自然环境。在一个文化厚实深沉的社会里，人懂得尊重自己，人懂得尊重别人，人懂得尊重自然。我们要学会的并不是宣扬自己的伟大与富足，不是去讲述伟大的历史与现在的发达，也不是举证事件带给全人类的改变。这一切都是轻浮的。我们要做的是正面的、平实的，用心去体会与理解，做到真正的尊重。我们作为这种文化基础中的一分子，要守护好自己的尊严、历史的尊严。

（三）文化的贩卖

"很显然，城市文化与城市特色构成了一个城市形态的核心。但是这个形态真正意义上关心的不是过去，而是现在。它的目的是构建一个与其他城市不同的城市形象让它更受欢迎，从而增加它的竞争力。"[①]

这个意义上来讲，我认为，还是要尽可能少去贩卖文化。一个符号的意义并不是某个产品或空间就可以传达的，某几种符号也不是在一个有尺度有规格的空间或产品上能体现的。所谓博大精深，并不是"博大"，而在于它的"精"与"深"。做不到这两点，那充其量只能被称之为"符号"而非"文化"。所以，任何贩卖文化的行为都是有目的的、商业的、带有及时效应和利益的。但是往往，我们看到发生的一切恰恰相反。对名字的贩卖、对符号的贩卖、对故事的贩卖、对人物的贩卖，只要沾上一点点边，就会兴奋不已，并以此大做文章，似乎历史的一切都与自己有关。

（四）对待文化的正向思维

我们面对的是历史，我们经历的是历史，我们的未来终将成为

---

① Tino Mager.Introduction: Selected Pats, Designed Memories. Architecture Reperformed: The Politics of Reconstruction[M]. 2016. Obviously, culture and feature of the city formed the core of the urban strategy. What this strategy was really concerned about was not the past, but the present. It aimed to construct a unique image of the Nanjing different from that of other cities in that moment to improve the popularity and then enhance the competitiveness of the city.

历史。这也正是我们将老旧厂房改造成体育场馆的文化思路。直接使用历史符号的做法是愚蠢的。它只会让一个全新的空间看起来不伦不类。对于文化的尊重应该是客观的，而呈现客观的最有效的方式就是保留，或是暴露。无论这个历史意味着什么，它都是有意义的。所以，对于改造来说，我们改变的是如今的业态，而并非改造其原有空间的构造。我们不应该因为对其有索取，就要打破它原有的生命价值。我们该保留它的一切，尽管有些时候的保留的确会让我们失去很多既得利益，例如，场地的损失、结构的复杂、颜色的干扰、破旧的冲击等等，但，这才是它的价值，这也是老厂房意义不同于别处的关键。舍与得之间的界限也许就是文化自省、民族自省的一个标准。

二、旧瓶装新酒，做一个不一样的场馆

（一）为什么要比喻

在《新约·马太福音》第九章中耶稣说："没有人把酒装在旧皮袋里，若是这样，皮袋就裂开，酒漏出来，连皮袋也坏了。唯独把新酒装在新皮袋里，两样就都保全了。"这即是"旧瓶装新酒"的出处，意思是新原理与旧形式格格不入，应用新形式表现新原理。"五四"以来，反其意而用之。比喻用旧的形式表现

新的内容[①]。后来被作为通过传统的艺术形式，表现新的内容的隐喻[②]。放在这里面，似乎很好地诠释了老工厂改造成体育场馆的核心思想。

（二）和而不同，"客观"也要分层次

做到和而不同才能体现老厂房改造后的体育场馆的价值，这也就是说，在我们做老厂房改造设计时，需要设计师和经营者共同理智、客观地看待空间属性及其难度和不足，从安全性等诸多方面谨慎地思考。但是这种客观需要分层次，过分的客观、理性只能让"旧瓶"失去意义，让"新酒"没了味道。老百姓来到这个新改造的运动空间，不仅可以锻炼，还能感受到记忆的味道，可以在保持运动状态的同时，沉静下来回味过去。这种历史赋予空间的丰富层次，是新建空间无法比拟的。重建的空间，即便处理成陈旧的感觉，也无法获得历史的痕迹。一块砖、一个地面的裂痕、一块块残旧的磕痕和掉了色的漆皮，这些整合起来构成了一个个历史的片段，在这些片段里，承载着时间、内容不同的故事。

（三）风格化的倾向

在这种历史沉淀的空间里，一切我们常赋予厂房改造或是运动

---

① 旧瓶装新酒. [EB/OL]. 在线汉语字典，[2019-06-05]. https://baike.baidu.com/item/旧瓶装新酒/1417670?fr=aladdin.

② 旧瓶新酒. [EB/OL]. 汉辞网，[2018-10-06]. http://www.hydcd.com/cy/htm2/jp8092.htm.

场馆的"工业风格""复古风格"显得弱不禁风。这种没有历史意义，只是某一时代产出的集体主义符号化导向，如今被披上了"价值"的外衣。我们在各种媒体、事件、设计作品、新闻上听到看到的也大多是这种东西。似乎，少了风格主义定位，就缺失了空间的价值与艺术家的风采。

纵观艺术与设计的历史，我们不难得出，一种风格的产生和发展离不开民族文化、历史背景和商业经济这三大要素。所以，老厂房的基本形成形式也与它当时的时代背景不可分割，我们立足当下，重新审视其价值时也是以它的过去作为考量标准的。只是通过感觉或是自我经验的判断来随便对空间加以定义是愚蠢的。

"设计已是一门科学，不可仅凭经验决策"。青年建筑师朱竞翔[①]在2016年的一次关于"设计是科学不可仅凭经验决策"的演讲中提到对高校传统设计教学思维和模式的质疑：对于传统和经验的推崇，如果上升到类似宗教的高度，认为它们是完美而不需被质疑的时候，这恰与"设计作为科学"是背道而驰的。

所以，我们在谈老工厂改造成为新型业态空间的方法时最应该弄清楚的是其本身价值，而不应该只是机械化地去对它进行一个经验化的定义。

---

① 朱竞翔[EB/OL]. 百度百科，[2019-03-13]. https://baike.baidu.com/item/朱竞翔/10092496?fr=aladdin. 朱竞翔，建筑师，1972年生，毕业于东南大学，建筑学博士。第二届中国建筑传媒奖提名人。

三、基本方法与阻碍

我们可以做的就是最大限度地对老厂房本体的保护，减少对它的破坏。当然，这有时候与经营的实际操作有冲突。这就需要更详尽的计划和组织，而且一定要针对不同的场地有不同的分析和规划。甚至，可以以有些场地的特殊遗留作为设计的源头。

（一）基本方法

我们前文在谈动线分类时举过商场等大型机构的例子，它们的动线有时候是以核心筒为中心，向四面展开的。这种动线的特点就是要强化核心筒的功能和效果，然后以此发散性地让人去向四面八方。那么，我们看看这种思路是否可行。也就是说，通过一个标志性的节点作为设计的起点，对它进行强行保留，并赋予它新的生命。这也就强化了对于空间理解的非自由度，也就是有限空间和有限制条件的思考方式。

1. 我们首先要明确的是"有限空间"与"受限空间"的区别，它们的物理特性不同

所谓有限空间，是指封闭或者部分封闭，与外界相对隔离，出入口较为狭窄，作业人员不能长时间在内工作，自然通风不良，易造成有毒有害、易燃易爆物质积聚或者氧含量不足的空间。而受限空间是指：工厂的各种设备内部（炉、塔釜、罐、仓、池、槽车、管道、烟道等）和城市（包括工厂）的隧道、下水道、沟、坑、井、池、涵洞、阀门间、污水处理设施等封闭、半封闭的设施及场所（船舱、地下隐蔽工程、密闭容器、长期不用的设施或通风不畅的场所等），以及农村储存红薯、土豆、各种蔬菜的井、窖等。通风不良的矿井也应视为受限空间。[①]

2. 空间有限的思维方式

了解了物理构造，可以发现我们是针对有限空间在进行思考并寻求解决方法。那么，我们将有限空间视为带有条件限制的空间来重新定位原有空间。

沈阳有大批遗留厂房，兴起了厂房改造后，大多是在厂房原址上做改造，改造实质是满足新业态需求。除了以铸造厂改成的沈阳工业博物馆保留了原貌，对内部设施进行了保留外，少有老厂房将原始情况复原或保存，大多只留部分墙面，把皮扒掉，只做框架式的保存。更多的实际情况是，框架也要重新做荷载和修复。其实，除了地理位置的历史原貌以外，并没有保留更多老厂房的痕迹。这就使一个本身具备灵活性的空间被人为地赋予了"受限空间"的定义。

（二）阻碍

造成这种现象的主要外因是除了必要的加固整修以外，大量的设备、构建、结构如果不移出或剔除，是很难开展新的业态项目的。设计师和业主往往在这种时候达成了一直以来很难达成的默

---

① 受限空间作业规定 [EB/OL]. 安全管理网，2016. http://www.safehoo.com.

契,那就是选择简单的方式重新开始,其实就是某种意义上的推倒重建。选择简单有效的方式往往更容易在他们上手的初期使事情变得简单可控。他们可以按照自己的构思和规划重新定位空间内外功能,就像西方现代主义建筑的"白盒子"[①]。

张永和[②]在2020年1月20日,在一场题为"被搞坏的现代建筑"的内部学术交流会上提出了"现代主义建筑一开始的时候为什么是白盒子?"的发问,同时提出"白盒子与包豪斯回归手工艺的精神或是作者文化"[③]是现代建筑两种截然不同的定义。白盒子如一个客观的容器,纯粹、明亮、中性、没有态度。它是一个承载其他"观点"的封闭空间。在"白盒子"理论下,似乎正好与我们要去追求和表达的老厂房的文化、历史背道而驰,我们所要寻找的恰恰是有观点的、有故事的、有态度的空间表达方式。甚至,我们追求的是带有时间温度的、包豪斯式的手工艺的态度。就像吃寿司,一定要面对面,师傅刚制作好的寿司是带有他手的温度的,你品尝的不仅仅是新鲜的海鲜和米饭,你体验的是时间的变化。这也就是手工打造的汽车、奢侈品包为什么那么贵的根本原因,因为它永远要

---

① 白盒子[EB/OL]. [2016-09-01]. 百度词条,https://baike.baidu.com/item/白盒子/9935979?fr=aladdin. "白盒子":从本质上呈现为一种隔离,将所有作品与它原本发生的生活世界隔离开来,将创作情境与观赏情境隔离开来,将审美体验空间与日常体验空间隔离开来。由于此隔离而生成的,是一种特定的凝注-沉思的意义空间(这也是Muse女神庇护下的Museum的源初含义),同时也是一个将艺术对象化的空间。

② 张永和:艺术家、建筑学家、建筑师,美国麻省理工学院建筑系主任,非常建筑工作室主持建筑师

③ 贡布里希:全名E.H.贡布里希(Sir E.H.Gombrich,1909—2001),英国艺术史家,著作《艺术的故事》中提出"没有所谓的艺术,只有艺术家"。

比机械化生产出来的商品多一层对人时间的占有。

当我们面对这些时间遗留下来的机器时，我们变得渺小而束手无策，我们不甘心去花时间和勇气面对，取而代之的是将其去除、移开，不再看它也就不用多加思考。就像马克思给出的评价："所有经济学家都犯了一个错误：他们不是就剩余价值的纯粹形式，不是就剩余价值本身，而是就利润和地租这些特殊形式来考察剩余价值。"①

四、辽宁老厂房改造成体育场馆的文化互动性

（一）对于运动文化的理解

我们今天讨论的并非是关于运动的概论，而是文化在运动中的重要作用，缺少了文化，就缺少了运动的根基，根不稳则枝不正。如何看待运动的文化属性，我们在面对运动的文化时的态度到底是什么？文化到底对运动的影响有多深远？作为非专业运动员的我们，是否要应用文化的概念来处理运动的事情？场地的整体环境又对我们、对运动文化有什么样的影响？上述问题亟待我们解决。

1. 用文化改变运动

文化是一个民族的脊梁，运动更需要文化的支撑。体育文化饱含着一种民族精神和凝聚力，激发民族热情。我们对于体育的理解

---

① 马克思，恩格斯.《马克思恩格斯全集》：第二十六卷：上[M]. 北京：人民出版社，1975.

是，不仅仅能强身健体，更体现了人类内在更高的精神追求和自我价值。就像一场竞赛，决定输赢的并不是比分的差距，更多的是人心的较量和比拼。在这种情况下，也正是正确的文化价值观决定了你对待一场比赛、一项运动的态度。在这里你增添的不只是比分，更是一种文化的高度自信。这种无形的力量也正驱使人们去不停地追逐更高、更快、更强的目标，无论是在运动场上，还是运动场下。

2. 用文化理念使老厂房改造成便民体育场馆成为可能

（1）文化符号的视觉影响

众所周知，大部分老厂房都具有很强的视觉符号，例如墙面的砖头、厂房独特的门窗、高高的举架，以及相配套的设备器械。这些既是一种"历史的时钟"，同时也是人们眼中的视觉符号。我们不需要去科普它们的往昔，把机会留给人本身，让他们在运动时了解它们，运动后感知它们。让人们主动地贴近所有这一切，让他们体会运动后燥热的身体与碰到冰冷的机器时的感觉。瞬间，你似乎跟着你的篮球一起回到过去。最大限度地保留它们，围绕着它们来进行场地的规划和设计，这些既有的文化符号，更多的是让人们在每日的奔波中走得慢些，在运动场上激烈的拼搏后安静地歇歇，让人们对过往的一切慢一些忘记。

（2）强化文化认知

首先必须强调的是，所谓对文化的强化一定不是把人放在被迫的无奈的环境里，好似广告植入一般惹人生厌。这种强化更不是教条式的横挂条幅，大打标语。这种强化是身体力行，这种强化是耳濡目染，甚至带有提醒的意味。运动也并非运动本身，它应该是更高层面的精神追求，一种美好的向往、一种积极的态度。这些都需要自知的强化，不停地学习与实践。个人运动素养也绝不仅仅是身体机能的优良与否，更多的应该是一个人的品格与他对文化理解的深度和态度。这也就是体育里面常常提到的关于"阅读比赛"①的能力。他对一切事情发展的预判能力取决于他良好的素养，这绝不是条件反射或经验本身所能企及。

（3）文化印象与传播

让一个便民的体育运动场馆所具有的文化在老百姓中留下印象，并能向更多的人传播是一个有效的事半功倍的事情，既丰富了来此运动的人的运动体验，增强了文化理解和素养，同时，也更好地影响了别人，吸引别人的关注与文化再传播。这种文化传播与影响是成倍数增长的。良好的文化环境是传播的基础。当然，我们所要具备的文化常识概念不能仅仅限于某一个单一知识领域或文化背景领域，我们不能时时刻刻都拿古人说事，但我们更应该只把某一种文化或理念当作学习的神灯，不停模仿拷贝。我们要做到触类旁通。就像打太极，你需要的是稳、柔，同时也需要爆发力，也就是文化印象与传播的刚柔并济。一种文化认知要更大于一种设计方法

---

① 中国翻译研究院. 何为"阅读比赛"？[J]. 译世界，2018. 阅读比赛：来源于英文reading the game. to read the game 不是learn the nature of the game.对赛场各个要素的思考和解析最终只有一种体现形式，即基于这些思维活动做出的判断，而赛场上的所有判断都只有一个目的，即比对手抢先一步。

或是类型，就像一种信仰是用什么外力也打破不了的一样，它是无形的，同时也是可以被认知和复制的。

（4）增加文化互动性

当我们不仅仅把互动性看成场上的胜负，当对手不再是对手而是朋友或是玩伴的时候，一种互动的环节即可产生。但这种互动一般仅限于小组和单元形式，我们可以通过文化的手段扩大这个群体和环节，我们可以思考某种"仪式感"的力量。畅想一下，我们是否可以在运动环节中增加升旗仪式或演奏国歌的环节？在某个时间节点，所有人都停了下来，热闹激烈的情景一下子因为这一个主题而沉静下来，每个人肃立、注目、昂首、气宇轩昂、大声歌唱。在那个特殊的、庄严的时刻，没有人会抱怨，一切的比分、欣喜、愤恨、狂躁、竞争，全在那一刻被国歌中和，升级成团结一致的瞬间。

我们也可以利用视频技术、虚拟现实技术来辅助我们进行这种文化的交流与互动。使人与人的界限消失，室内与室外的界限消失，在一个因运动而起的文化空间里畅游，让这个提供给百姓运动的空间载体升级为人们文化互动的平台。

第三章

描述：一次设计改造的反思

美国建筑师赖特曾说："以一种风格工作与真正拥有这种风格相比，差得太远了。"他质疑那种存在于世界各地的"欧洲国际"主义风格是否适合任何不同文化的特征。当这种风格被滥用时，我们有责任站出来去摧毁这些"风格贩子"，让这种时尚风潮或是不明智的举动停止。

人们在长期发展中似乎对什么是"恰当性"达成了共识。在《西部建筑师》（1923）"为了建筑：东京新帝国饭店"一文中赖特提出，拥有强烈的空间秩序感和更加接近现实的建筑不能马上得到人们的认可。人们缺少对于一种美的基本认识，这种美的认识并不是对于公众审美的懵懂式朝拜，而是真真切切可以感受到一种空间所带给人某种程度的享受或温度。建立一种美的品质以及完整的方式就是让每一个单位都能成为一个宏大而和谐的整体中不可缺少的一部分，让每个身在其中的人可以享受到更为丰富的生命。

这种"和谐"有些时候是与"现实"相互矛盾的。因为只能在解决掉某种"共识"的影响之后才能获得那种"和谐"。但在所有这些问题中，人类都必须面对和屈服于条件的限制，而且谁也没有办法说清楚这种限制的程度，似乎也几乎没有人愿意去抵抗这种限制，它变成了理所当然的前提条件，甚至是设计角度某种思考的必然方式。大家更愿意把一个没有条件设限的设计含糊地称为"艺术"，这种含糊的概念把"艺术"也无辜地拉入了一种通俗的层面里，最终的设计结果也以"不适合"作为理由而告终。

可这种"适合"与"不适合"永远是在变的，它们的界限始终都无法做到标准划一。从这个角度上讲，一切试图去迎合某种"适合"的行为都是无保障的，抛开空间本质的思考去捕捉表象意义也是无法长久的，那样只会把一种"持久的生命"变成一种临时的、当下的、肤浅的布景，而这个布景的命运也会随着这一幕剧情的结束而宣告停止。

我们对于装饰的依赖是与生俱来的，我们似乎很担心自己被暴露。从衣装的发展到空间的建造，无不体现着人类对于装饰的需求和依赖。从繁缛的欧洲装饰主义运动的诞生，到东方装饰美学的世界影响，"风格化"从来都没有离开过我们很远。风格的具体表现是通过特定的装饰达到的某种符号化的审美角度认知。但，装饰的程度并不能完全解释风格，装饰的主张仍然是在强化某种特定本质以外的风格导向，也就是产生某种风格化象征的驱使。这个作为驱使者的装饰本身在被作为目的性很强的方法所使用时就会产生某种相反的作用力，因为似乎它越是强化这种装饰的内容，就离空间的

"本质"越远。我们所讨论的对于空间的装饰也是处在这么一个"附加"与"本质"之间关于"度"的问题。我们越是通过装饰来强化一个空间的风格，其实就与这个空间的本体越是脱离，而空间本体也恰恰是人对于空间的感受的最重要环节，脱离了"本体"的空间是无法长留人心的。

从另一个角度来讲，装饰大多数情况下是对空间狭隘的二维处理方式，它可能只是从某个墙面入手从而暗示人们这是某种风格，或是一个天棚节点的造型也完全会把人带入到一种风格的定义里面。有些时候，你会看到在一个空间内部通过对中轴线的处理，无论是悬挂还是定点放置，尽管从空间构成角度达到了某种预期，但这对空间的整体性和真正用途起不到丝毫作用，它仍是一个二维几何化图像构成以及这个构成带给人的一种心理慰藉。

更有远见的做法应该是把空间作为一个整体，把它的内部空间功能直接作用于建筑的外部，充分考虑这两部分的整体性。在这种维度下的观察和设计，想象力和外部自然一直发挥着作用，仅凭经验和记忆力的做法显然不能获得更为显著的成效。

可事与愿违的是我们恰恰经常看到墙体外侧贴着墙砖，中间由窗户间隔，墙体内部贴着壁纸或刷了涂料，占墙体面积1/2的窗户起着强烈的私密分割作用，把外边的世界与内部的世界完全分开。我们站在窗户里面凝视着窗外的风景，看起来似乎像给建筑穿了一件外衣。通过窗户的提醒，我们才得知自己身处内衣里，只是在通过拉链窥探着外面发生的一切。

这种不和谐的"隔阂"在对老厂房进行改造设计的案例中体现得尤为明显。我们试图尊重历史却无法忍受残破的面貌。我们通过各种手法使其焕然一新，它一脸的沧桑也随之被磨没，老厂房变成了看上去很现代的"人"，尽管它披着原来那件外衣，可眼神里再也看不到原来的影子，只能通过嘴不停地告诉别人关于它曾经的故事。我们怀揣着保护历史和文化记忆的美好"意图"，却因为目的使然，行为被牢牢控制。我们选择把空间用符号的堆积进行装饰，试图去雕刻出记忆的影子，我们深知，这种方法可以被人们"共识"。

也许，最终，这种美好的"意图"都得以执行，人们在若干年后反应过来，有机会可以从空间本体中感受到一丝美好、一点记忆，也能感受到空间本身所带给人的某种善意。但很快，这种感受的"真实"就会归为"平凡"，这种"平凡"也迅速地就会被躁动的人类所摒弃。但至少，任何具有善意的思考都包含着道德，这种道德将会继续延续。也许这就是信仰，这种信仰也是人类发展过程中所有人都应该具备的。

第一节　项目实例

2015年的一天，朋友给我打电话，问我是否可以做老工厂改造的项目，我说以前没做过但可以试试。随后我第一次去了大东区项目的现场，见了甲方。这里原来是沈阳某能源设备制造有限公司的工厂和办公楼，占地超过两万七千平方米。2015年工厂搬迁后希望将其改造成创业创新产业园。

老工业厂房作为东北特殊历史时期的遗留产物，大规模的重造再利用，将与"创业创新"产业园的改造有机结合，老厂房特殊的历史与文化价值、优越的空间及结构基础，给这种新型产业园区的改造提供了优良的基础。

一、设计过程

首先要对项目的大门入口及景观进行设计。门面或者叫大门，无论在商业角度还是文化角度都是重中之重。大门是一个项目的窗口，是留给人们的第一印象，对项目内容有概括总结的作用。但大门的耗费往往很高，而且涉及大量的基础工程，这在一个改造工程的开始其实是对合理分配资源的未知的阻碍。因为一个改造项目的开始，除了一些基础设施的改造工程以外，对一些未知的资源进行分配与整合非常重要，一不注意，就会产生超支的情况使得项目无法正常推进。大东区创业产业园的大门由带有电动门供车辆和大型设备通行的8米宽的机动车道和两个带有门禁卡的人行通道组成。旁边有一个不很宽，但6米多高的纪念碑式的标志墙。后面是一条笔直的纵深200米左右的工厂主路。所以这个门从整个空间体量上来讲无法满足过于庞大的设计，但它的直觉通透性完好，可以对整个厂房空间的规划以及建筑形态和景观一目了然。这也不外乎是对项目整体另一种形式的诠释。所以，在对其长度和纵深进行考量之后，我们认为不能在大门本身的气势上做文章，这样不仅花费昂贵，而且也无法在有限的宽度上做出合理的方案。

最开始我们考虑用文化入口的概念取缔声势入口的概念。毕竟老工厂的历史使命随着新业态的入驻宣告终结，这种历史节点的因缘要比纯粹的形式意义要更具吸引力。另外也无须考虑原始大型设备进出大门通道的需要，未来园区的普通车辆会统一停在已经规划好的园区外部停车场内。我们可以利用新的业态文化符号分隔的形式，把我们未来所要传达出来的经营理念和创新思维用"单位形态化"的语言进行表达，并赋予一个门面轻松、愉悦、虽然不大但是很有文化意味的特点（如图3-1）。

图3-1 大门及主道

　　但是，这个看起来不是特别大胆的方案仍然不能被客户所接受，气势还是客户的主要要求，这种普遍性的观念仍然在与文化尝试的竞争中获得大胜。除了看到，而且还要一目了然地知道这里是做什么的对园区来说非常重要。这在某一点上与西方美学中空间分割的思维很相似。要有一个视线不受阻的空间维度，一眼可以望到尽头，左右有序的排列相关配套功能，宏伟、壮观，让人心生敬畏。我作为设计师，当然会依据商业设计的规则取其"服务"的本质属性。最终，方案在第二稿迅速被敲定了。

　　我们研究出了一个退而求其次的方案，就是单独做一个有体量感的"建筑"，在它上面体现新的业态品牌"大东区创业创新产业园"等字样以及标志，把它们放在高于人的视线但是又不会离视线太远的地方。这样，不仅仅从人的仰视角度获取的信息会有所不同，距离近时也会从视觉错觉上感觉到它的体量被放大。这样，无形地从仰视角度、视觉错觉两个方面来达到人对这个"新建筑"及文字的气势的感知。我们也可以认定它是一个被放大了的标志墙，上面带着企业名，中英文对照，白色为底，红色与黑色的立体字会更加突出与醒目，花费成本大大降低。配合着这个大型标注墙，我们在其下部做了大理石台阶，配有一些绿植装饰，这样把整个"形态"衬托出来，从而达到既有独立、醒目的气势，又能准确地传达出园区业态的最终目的（如图3-2、3-3）。

图3-2　入口

图3-3　入口及标志墙

当这种"放大"的明确指向思路被肯定之后，随之而来的就是把这种成本低廉，效果醒目明确的办法应用到以大门为分割的整个园区内外。实际上就是某种带有体量感的延展活动。

由于地理位置原因，整个园区的主入口是在主马路一个凹角位置，进深比较大，不能一眼看到。为了吸引来往车辆的注意，首先在主马路与凹角的交叉位置加设了一个"精神堡垒"。说叫"精神堡垒"，其实从现场情况来看，这个堡垒哪怕做的再大，也无法使马路对面的车辆里的司乘人员看见。因为在两排行车道旁边就是一座高架桥，桥对面的车辆的视线正好被这座桥给遮挡死了，只能放弃让他们也看到此园区的思路。桥上车辆里的司乘人员可以直接看到此园区的全貌，也无须"精神堡垒"提供信息。那么就剩下入口侧面这两排行驶路线上的车辆了。根据人的视距，如果过分追求以"大"和"高"获取的视觉焦点，其实功能并不能很好体现，做的过高超出正常人视距反而会让快速行驶的车辆漏看信息，而做成公交站牌那种高度又会被路旁市政绿化树木挡死而失去"精神堡垒"的意义。最后，我们通过自驾的方式测算出了行驶速度，计算出了行驶距离与人的视距和信息捕捉的最佳高度范围：4.5米（在这里，我们必须反复实验，避免公交站牌过低或过高）（2米以下有撞头危险3米以上有读取信息费劲等弊端）。但路旁市政绿化树木一般都在0.9—3米之间，此路段为老路，树木已经长成，夏日绿叶繁茂，势必会对来往车辆对于"精神堡垒"的识别产生影响。所以在不破坏绿化树木的基础上，我们架高了"精神堡垒"的基础部分，并用浮土加绿植的方法让它形成一个自然的小山丘，这样既能满足人视觉4.5米的理想观看高度，在不破坏而是避开绿化遮挡的前提下也能达到自然美观的效果。另外，我们尽量采用素色底面配合红色大字的方法，做到闹中取静，凸显以"路牌"信息夺取眼球的目的。

　　园区内的视觉识别系统主要分三个部分，第一个部分就是在每一栋厂房建筑上面加了楼号与名字，用英文A、B、C、D加以区分。大写英文字母与中文楼名结合，可以让人在刚一进入园区时就获得准确的位置信息导向。刚开始的方案是想通过三角形这种更易识别的形态符号结合文字的方法，但甲方还是觉着不够沉稳，所以最终换成了横平竖直的整体文字无分隔连接处理，只是在英文字母的外端做了随形的异形切割，这样可以保证每一块指示的体量感，同时也能增强信息的清晰识别度，以铁板雕刻并做防腐处理，整体红色，一目了然（如图3-4）；

图3-4　信息导视

第二部分就是在每一栋建筑的主入口处，加了一个从地而起的1.8米左右高度的楼内入驻企业的信息导引，这样可以让人走到近处时通过楼内指引系统准确找出所需位置。因为人的观看距离比较近，无须考虑视觉冲击的问题，所以整体用整洁的白色为底，配以黑色文字。

　　第三部分是利用原始的园区内整齐划一的路灯杆。因为路灯杆比较破旧，但是仍然可以正常使用，已经被风化褪色了的绿色漆面很有一种历史记忆和年代感，我们大胆地将其保留了下来，并没做翻新处理，但我们用新的视觉方式——挂旗与这种年代久远的老设施结合，看起来很有趣味性。同时，最为关键的是，达到了在园区多样化厂房形态中，井然有序的园区管理，使人进入园区后也有一种集体归属感（如图3-5）。

图3-5　楼体外立面

　　一套从外到内的园区整体形象，通过对道路旁的文化元素符号的提炼，到大门口的整体形象墙，再到楼顶指示和入口指示加挂旗，在预算极其有限的情况下，基本完成了一个贯穿整个园区形象改造的设计。我在前期还加入了园区内主路旁的绿化结合休息区域的设计，因为考虑到未来车辆被拦在园区外部，内部完全按照步行道来设计，这样可以不通过改变地面铺装而是通过这些具备休息功能的花池子来划分人行路与车行路。而且休息区域的划分主要设置在每一栋单体建筑门前两侧，这样就可以作为每一个建筑内部空间的延伸。工作之余，可以到这里聊天、吃东西，甚至顺便开个小会。这个设计，并没有在后期实施过程中被执行，但是完成了一部分绿植的设置。也许，这个区域的设计并没有整体形象那么重要，所以最终被忽略。但是作为一次改造设计方法的尝试，这种绿植休息区的设计不仅仅打破了室内与室外的界限，它也是一个园区品质与对文化理解的象征。我想，一个创意创新的园区，注重的应该不仅仅是在室内部分的劳作，这里更多的应该给人一种活跃、激情和自由空间。因为它不再是工厂生产性质，取而代之的是一种对生活与生产方式的重新理解和认识。我也会继续锲而不舍地尝试此类设计方法，从文化、人与自然、生活生产方式以及空间界限的角度寻求一种更协调的且适合的设计探索。

整个园区一共分为九大区域：创客中心、大学生创业创新平台、创客公寓、创业学院数据中心服务大厅、创意中心、国际中心、无人机产业园、智能制造产业园、生态涂装平台。这其中需要进行室内部分重点设计的是创客中心和创业服务大厅，其余部分则采取简化或不做改动的设计方案。因为作为一个创业创新孵化基地，第一要务就是提供给一些有创业需要的大学生或事小企业以办公空间和相关配套；二是提供给他们包括咨询、注册、会计、审批辅助等一系列综合性质的服务体系和空间（如图3-6）。

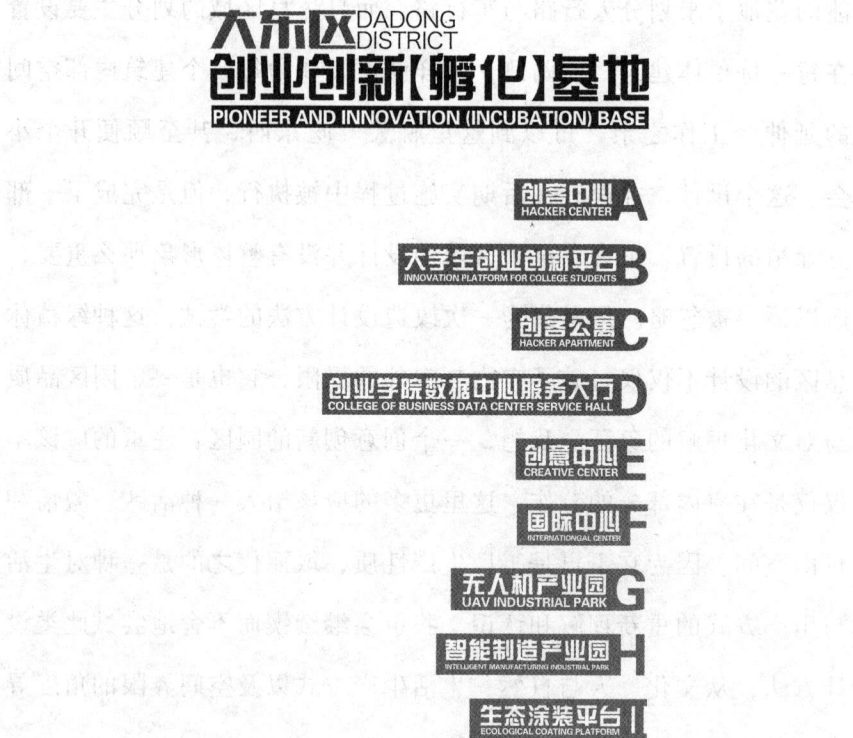

图3-6 导视系统

二、室内改造设计

（一）功能平面布局

对于创客中心的室内功能布局，我首先提出了大体分为两个部分的方案：第一部分纯粹是企业的办公部分，属于私密空间，换句话说就是关起门，其他方面的事你自己解决。第二部分是公共空间，也就是大家共享的地方。但是如何让这些公共空间产生商业价值是一个决定公共空间存在与否的关键。毕竟每一个平方米都有其经济价值，客户是不会允许拿大部分空间来供大家免费使用的，只做少部分"噱头"性的空间功能还是可以的，但是太大面积绝对不可行。

所以我们先从空间格局开始分析。创客中心是一个长72米、宽16米的筒子形空间，入口朝西，与筒子空间成直角形。空间南面有很好的采光落地窗，举架高度达到12米。框架性结构中间无柱，非常敦实和空旷。如何在这么一个长方形区域内最大限度地间隔出来合理的办公空间，并设置一定的公共区域是我们重点思考的。是让进来的人一眼望穿整体72米长的空间，如同凡尔赛宫的气势磅礴，非常西方审美观点的壮观或威严，还是选择另一种方法来对它进行划分？但这种让人望眼欲穿的典型西方宫殿式做法就是讲求两侧对称。在一个16米宽的空间两侧做办公区域显然不大可行，那样中间的走廊部分会非常狭窄，同时视觉上会非常不舒服，甚至有点恐怖。况且这16米宽度为南北两侧，谁在南（采光好），谁在北又是个令人挠头的问题，最终给营销造成麻烦。那么把办公空间都放在中间，在两侧留通道也是可行的处理方法，但显然，这样做势必会造成极大的空间浪费，这种对称的做法并不合理。我最终还是从中国园林角度的平面划分和审美趣味入手，决定采用一种古代园林常用的"曲径通幽"的曲折但具有神秘和趣味性的平面构造来划分整体空间。我采用折线的办法，把人的行走路线变长，但是当你不是一眼就看到那么远的地方时，曲折的划分反倒会使人感觉不到路线的长度。这种曲折的平面划分也会增强在路途中的疲惫感，增添趣味性。因为有了折线，也会比笔直的行走路线多一些缓冲空间和时间，而在这些缓冲空间内会留给你更多的时间去观察其他的空间和人，也更多地提供了让人们彼此交流的机会；从商业角度讲，也增强了企业与企业之间、人与人之间的合作概率（如图3-7）。这种设计其实存在已久。迪士尼的等待区域就是设计成了曲线，人们会从视觉上感觉排队等待的时间不会太久，同时，工作人员会在等待过程中增加一些娱乐项目来隐藏人们的实际等待时间。在一些旅游景点，我们也时常看见前面的队列是被隐藏起来的，从而从感官上缩短了你实际等待的时间。星巴克横向排队的方法也能使得顾客在本来无聊的等待过程中增加与人交流的机会，同时也可以让他们欣赏到星巴克透明的糕点柜台，从而增加人们的购买概率。苹果创始人乔布斯，把公司办公空间的卫生间设置在距离工位很远的地方，这样可以让员工在漫长的去上卫生间的路上与同事交流（当然，最终

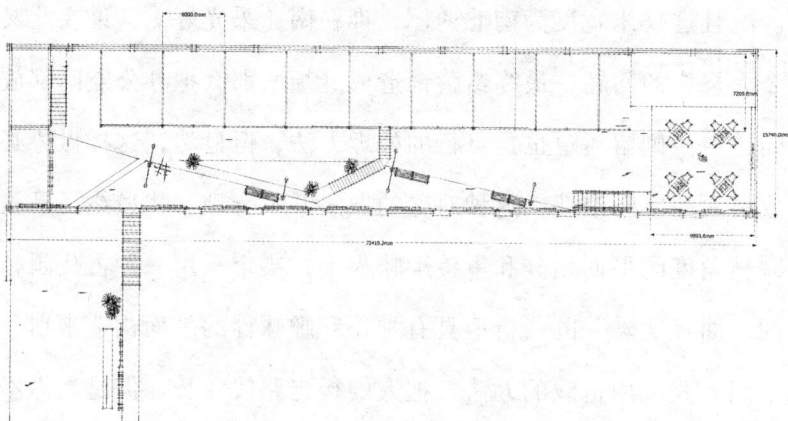

图3-7 空间功能划分

被一个孕妇员工举报从而调整了卫生间位置）。从这些案例不难看出，曲折路线设计的优势和其内在趣味与附加值。

（二）格局与功能的关系

在明确了曲折动线以后，就是把私密空间放在哪里，怎么放合理的问题。毕竟，一切的公共空间都是其所在办公空间的整体配套，所以，重点还是那些私密办公空间与共享空间的关系，不能喧宾夺主。我们选择把公共空间放在采光较好的南侧，一方面因为西面是入口，这样可以保证空间动线的顺畅，同时，南面采光可以很好地照顾到穿梭的人群以及每一个折线节点业态。例如，这种全开放式的公共空间可以设立睡吧和公共会议室、洽谈室，这样很好的服务了空间内部员工的实际需求，也放大了每一家企业的空间功能面积，公司完全可以采用内部办公，外部开会、洽谈、讨论的无界限功能划分。这种空间界限的消失也是这里的设计重点。同时，此种设计方法也让公共空间都有其商业价值。例如水吧、咖啡厅的经营面积可以制定收费标准，共享健身房或者共享会议室等按小时收费的功能都可以融入这些预留的曲折动线中去。不仅让公共空间产生商业价值，更在整体空间品质上有所提升。

（三）共享健身仓的融入方式

其实聊到共享健身，最初的计划更加大胆一些。因为本人也喜爱运动，平日在自己的城市也会选择去健身房运动，出差包里也总装双跑鞋。在共享健身仓概念刚在北上广深兴起时，我就在北京体验过。体验感受并没有那么好，但是这个概念的诞生和参与感至今仍然令我很兴奋。在创客中心剩余部分做几个健身仓是我当初的想法，这些空间不会像现有健身仓那样狭小，但是基本概念基本相同。考虑到健身仓的弊端和优势后我做了一些小的改良并将方案提报上去。

第一，我用透明玻璃的形式，解决了健身仓内封闭压抑的问题，然后在运动与非运动人群中间产生互动，使更多的人加入进来。第二，我们把每一个健身仓设置为5平方米左右，放大到整体合并成为100平方米左右，统一设置LED灯和相关配套设施。这样可以无形中容纳更多的人群。不仅如此，我们设想取缔固有的健身设备，如跑步机、划船机或无氧哑铃区域（因为这些区域需要相应的安全区），取而代之的都是复合器械和徒手练习，从更加科学的核心及相应身体机能练习，而非单一力量训练。第三，为了让人们更科学的训练，可以制作相应的健身课程。当你扫码进入区域以后，就会有你的网络专属教练辅助你利用空间内的设施来进行合理有效的训练。当然，之前的设备使用及安全须知必不可少。在你使用完相应设备后，也会有电子导引提醒你要做相应维护（这个在国外公共健身房里非常常见，但是国内却非常少。人们在使用完相应设备如跑步机后，都会用消毒液和毛巾擦拭机器，为下一位使用者提供方便）。而且这样的提示，可以大大减少人员维护成本，也会为下一位使用者提供有效的利用时间和安全保障。我们通过电子提醒的方式提倡这种行为，将这种品质带到健身仓以外的工作与生活中，才是我们的目的。第四就是环境与通风。狭小的空间通风效果不尽如人意。放大了的空间、明亮的环境也会消除人们固有的对健身仓压抑的认识。12米的挑高举架也给锻炼提供了绝佳的前提，尽管热能消耗会因为空间举架有浪费，但是，在投入训练的过程中，汗流浃背的人们更在乎的是冷气和良好的通风。

尽管共享健身空间的设立，在某种程度上占用了很多公共空间，但是作为一个以初创企业、年轻人为主的创意创新园区，一种带有积极的、健康的、团结一致的、内涵的配套空间的设立，不仅仅可以体现出整个园区的经营理念，更可以让员工在有限的时间内离开工位，去到另外一个空间，换换思路，舒活筋骨，并且有机会能与其他员工交流，互相沟通。因为创意永远不是发生在办公桌前的。

办公室内部的考虑还得从实际出发，从而更巧妙合理地进行区域划分。因为入驻的企业大多为初创型企业，人数不多，如软件科技公司、小型研发团队、设计工作室、广告公司等。这些小型企业的人数多在4-12人左右。40平方米左右的工位加上过人通道以及相关配套设备的空间基本可以满足他们的需求，对于人数稍多的企业，可以利用上下两层打通的方式（举架12米整体设置了二楼），设置内部楼梯。对于有更大面积需求的企业，可以采用两间合并的方式解决。这样，实际上在一个比较规矩的办公空间内部划分中就形成三种可按照不同业主需求而随时变化的空间：一是6×7的最小空间，二是6×7×2层的中型空间，三是6×7×2×无固定宽度的大型空间。这样，也在招商过程中提供给业主更多的选择。

三、设计风格的考量

其实对于什么样的风格才适合这么一个创客空间我早已给出了我的想法，那就是务必保持它原有厂房的容貌，同时通过对动线的改变以及平面语言的添加从而达到一种新老结合的样子。除了必要的在钢结构基础上做出两层以外，不做过多的装饰语言的添加，这也是我会在后几章里提到的我对"装饰道德"的看法。而最大限度保留历史原貌也是对空间的一种尊重、对文化的一种重视。空间仍存，只不过人是另外的一群人，我们同样在生产，操作的却不再是大型设备而是电脑或科研仪器。让历史时时刻刻伴随着每一个新业主，同时，也时时刻刻提醒着来到这里的人，告诉他们历史的重要性，因为他们现在所做的也终将会变成历史的一个节点，也许最终被人记住的只是这个"不变"的空间。

我始终坚信着自然的力量，我希望绿植可以在这里生长，因为在空间划分中，南侧一面并没有做二层，尽管损失了一定的空间面积，但是，很好地保留了人对于空间气势的印象。很好的采光和通风也可以保证树木的生长。同时在折线的行走路线一侧安装了一些室外的路灯，让空间形成一种内街的概念（如图3-8、3-9）。所以，实际上整个空间就被划分为了三个层次：室内封

图3-8　内街的草图

图3-9　共享空间

闭空间、室内街区、室外街区。三个空间互联互通互利互惠，最大的受益者就是入驻企业的员工，他们可以享受一年四季的绿色，以及冬天内景与外景反差的别致；他们可以在大树下开会，享受咖啡和运动的喜悦。

所以，最终，在资金紧张（我想，没有哪一个老厂房改造项目的开展资金是不紧张的吧）的情况下，如何合理地进行功能和风格的设计，也许应该成为改造此类项目的首要任务。再深一步想，若与此同时还能保留一点人们对历史的回忆、对空间差异化的感受、对厂房属性的注重，那么一个老厂房改造成其他业态形式也会具有它特殊的意义。恰恰这种与众不同也正是老厂房改造项目生存的根本和它吸引人的魅力（如图3-10、3-11）。

图3-10　保留基本建筑结构的内部构造

图3-11　办公接待区

| 第四章 |

思考：老工厂改造的视觉叙事

第一节　改造的合理性与弊端

一、是优点也是弊端

高举架、结构牢固、格局四方规整、采光良好、通常明亮、外观大气，这一系列老旧厂房的客观条件都十分有利于对其进行有效的利用和设计，也非常容易迎合新一代消费者对于空间的预期，但是这些条件的背后的弊端也不言而喻。例如，管网老化、年久失修，而且大多数已经丢失原始图纸，若要想重新改造利用，需要对室内外管网重新布设，这不仅会花费额外的钱财和时间，风险性也不容忽视。挑高举架给空间改造与空间利用提供了非常充足的便利条件，但是，能源的损耗也随着这些便利条件变成了不可忽视的问题，毕竟，如若使用，每日的经营成本也是改造前提的一个不可忽视的方面，甚至也影响着业态成立与否、设计是否落地的问题。巨大的能源损耗也给老厂房的改造设计提出了一个非常严重且必须要解决的问题。以上这些问题只是一些表面上急需解决的和比较共性的改造设计前提，其实安全性问题，以及消防审批才是这一切问题的核心。

二、安全性控制

年代感固然承载着这些建筑空间独特的味道，给无论消费者、使用者还是设计师都带来喜悦的冲击与灵感，但是越是老旧，就越存在着安全隐患。看似稳固的钢梁、看似坚固的砖墙和原来的施工工艺、施工材料问题都有可能在一瞬间化为乌有，所以对于原始结构的稳固性还需要专业团队进行把关。不像重新搭建结构那样明了准确，所有隐蔽工程的复杂性可想而知，再加上人力、物力消耗，老工厂的改造成本与改造难度都是不可忽视的问题。

三、交通组织

交通组织方面的问题不言而喻。由于城市功能划分与居民生活息息相关，出于噪音污染以及地域限制方面的考虑，厂房类建筑大多聚集在城市的边缘区域。虽然城市化进程的推进把城市和农村的边界线打破，各种配套设施也随之优化，可仍然在交通组织等一系列配套设施上存在不便利，甚至有公共交通工具无法通达的问题，这就给工厂转型后的业态经营带来极大的挑战。没有人，如何产生效益，带来不了人气，再好的设计与业态方向也不会有一个良性持久的发展。所以，交通组织方面的问题，可能会成为每一个经营业态所要考量的重点。那么，如何进行合理的交通组织呢？首先，我们要预留充足的停车位或公共停车场，从商场的经营模式吸取经验，通过便利的停车位使客户能顺利到达自己的目的地商铺，再通过多元化、一体化、人性化的经营模式让客户对其产生黏性。其次，要针对客户群体进行细分。前面我们提到，老厂房改造后的业态主要客户群体还是以年轻人为主，那么，除了外观和空间调性上可以吸引这一类消费群体以外，便利的停车，智能化的停车，更人性化、年轻化的内路交通动线也是博取客户群的一种有效方式。最后，也是最重要的还是，没有一个便捷的公共交通方式，也就没有了大部分客流。因为随着国家提倡环保出行后，新一代消费群体是最能执行这一倡导的。那么如何解决这一问题呢？政府是否能为某一个改造后的厂房设置一条特殊的地铁、公交、轻轨路线呢？答案当然是不能的。但是，如果慢慢形成规模，从一个厂房到一片厂房，从一个厂区变成一片厂区，一片厂区变成一座小城，那从政府到企业的关注度都会不同，他们也一定会为这大量的客户群的便利出行考虑的，这也许不是一步就能实现的，但随着事件的发展、各方面的共同努力，这也是一种解决交通组织问题的有效思路。

| 第五章 |

阐释: 迟来的文化认知，中国老旧厂房改造设计的价值观

　　提到老旧厂房改造设计，十几年来一直是建筑师、设计师、政府、文化产业机构和房地产商关注并热议和参与其中的主题。主要目的是使这些历史遗迹发挥价值、余热，焕发生机，重获商业价值和文化意义。日益增大的建筑成本，使得敏锐的人群开始把目光转移到对已有建筑空间的改造上面。无论从成本控制，还是文化内涵和城市记忆方面，可以看出老旧建筑改造发生的历史必然性。这里面针对老旧厂房的改造特点尤为突出，一方面可以看出，老旧厂房具备人们对于文化的某种期待，对于城市标志性符号的记忆；另一方面，老旧厂房也的确符合改造条件，从它的结构到它的闲置状态都是走向业态转型的必然。这些前提都使得老旧厂房成为设计和文化地产领域的新宠，而且改造的案例和数量也成倍的增长。

　　在老厂房改造的历程中，嗅觉最灵敏的国家是美国。在美国加州的渔人码头，那里一个叫吉拉德里（Ghirardeli）广场的地方，就是世界上第一个由废弃厂房改造的大型购物中心。1864年，这里还

是一个毛纺厂，1893年被意大利巧克力商人吉拉德里买下制作美国人家喻户晓的慢熬巧克力，1964年这里被改建为集聚商店和餐饮业态的购物中心，直至1982年吉拉德里广场成为美国历史上的新地标，并吸引了全球顾客蜂拥而至。紧随其后的，1973年日本的仓敷常春藤广场、1983年法国巴黎的奥赛艺术博物馆、1989年的德国鲁尔工业区综合体都是历史上非常典型的老工业厂房改造的成功案例。

直至2002年，在北京，由艺术家群体所孕育出的中国第一个老工厂改造项目诞生了。大批厂房被改造成了艺术与文化生活的聚集地，并吸引了艺术团体、画廊、餐饮业、文化产业以及酒店业的入驻。人们对于艺术与文化的渴望与来此的游客数量及世界顶级艺术品画廊的进驻量形成正比。中国乃至世界关注着这么一个由老旧厂房群改造而成的艺术文化区域——北京798艺术区。"798"的成功，使得全中国掀起了一场旧厂房改造的风潮。伴随而来的是各地政府相关部门出台的扶持政策，扫平了从违建到正规批示这么一个从边缘化走向正规化产业运营的历史道路。政策的颁布使得相关人等更有信心，大批资金的涌入，使得老工厂改造这种业态迅速进入了蓬勃发展的历史阶段，一个时期，一度是一房难求的状态。也是从那个时候起，原来被长期闲置、无人问津的老厂房重新被人津津乐道起来。当然这种业态的膨胀，前提必须是双赢的。首先，改造而非拆毁重建对于这些老旧厂房自带的文化内涵、历史记忆在某种程度上无疑是一种留存和保护；其次，对于商业价值来说也是保有很大空间，当然在这个环节中显现的越来越多的是人们对于艺术文化的诉求和渴望，这也是老工厂改造设计成为多种业态形式的"原动力"。

十几年过去了，改造项目基数的变大，伴随着的疑问也随之而来，我们所采取的具体改造方法是怎样的？我们真实的出发点是什么？我们是名义上的保护和文化记忆留存，还是只制造了一种幻象？我们带着这些疑问来剖析下国内十多年来的老工业厂房改造现象背后的故事，以及故事产生的逻辑。

第一节　变化与审视

一、边际效益递减

经济学中的边际递减理论指出："边际效应递减有时也称为边际贡献递减，是指消费者在逐次增加一个单位消费品的时候，带来的单位效用是逐渐递减的（虽然带来的总效用仍然是增加的）。我们向往某事物时，情绪投入越多，第一次接触到此事物时情感体验也越为强烈，但是，第二次接触时，会淡一些，第三次，会更淡……以此发展，我们接触该事物的次数越多，我们的情感体验也越为淡漠，一步步趋向乏味。"在社会学中这种边际递减被叫作

"剥夺与满足命题"。我们通过"量"的比重侵占从而达到"共识"的目的，这种共识的基础条件就是"概率"，也就是一旦一件事情达到了某种量的积累就形成了一种统一的认识。但这种"概率"是不可靠的，它误解了人对于空间的多元化以及本质上的认识。他们通过"概率"的角度制造了虚幻的"风格主义"，又把这个风格定义为某种特定领域的风向标。在这里，"风格"被孤立地放在了"时间"之外，同时也放在了"人"之外，风格被强加给空间，并由"单一个体"的人来制定出它该出现的时间以及它该出现的位置这些虚幻的"痕迹"。这种虚幻的痕迹标志着人们对于真正意义上关于文化以及审美的消费趋于日常，伴随而至的就是我们递减的审美以及文化识别的高度。我们享受于极好满足的欲望之下，不停追求我们对于世俗化审美量的积累。而这样，很快，我们的欲望就要趋于饱和，这种太容易的满足慢慢也演变成了一次次的厌倦。这种集体性厌倦随着经济的快速发展以及与文化识别不对等的扩张，导致了今天文化上的浮夸和虚空。一切传统殆尽，取而代之的是一次次快速且没有根基的洗礼。这种变化带给我们的一方面是我们传统的空间、社区、生活方式已经消失殆尽，另一方面，取而代之的是大量对于西方现代派空间的简单的重复和模仿。现代主义的快速进程，让我们没有借鉴欧洲的意识形态的思考，而全然模仿美国那种风格化的形式，而这种没有骨头的形态化的"方盒子"是没有灵魂的。

二、认同感与"适者生存"理论

达尔文进化论中"适者生存法则"说明了人类大脑的信号处理系统经过几百万年的自然选择，在"适者生存"铁的规则约束下，正不断地沿着某种特定的方向，缓慢地，但是有效地前进着。人根据对科学知识的积累，经过在各个领域内的艰苦探索，不断完善对客观世界的认识，并得出一个又一个新的发现。人的意图随着这种"适者生存"理念的制约从而变得更加敏感和用意明确。

明确用意的具体体现便是"认同"。这种认同的建立有助于人用来识别彼此求并共性发展。这种认同在近代社会演变成了一种"统治"和"侵略"——人为了达到一种共同"目的"从而进行的认知共同行为。肯尼斯·伯克在"认同理论"中强调：现实是以符号来作为传输媒介的，因为人具有"社会性"，人与人之间通过共同组织传播以及参与的行为作为某种符号，这个符号即为"认同"。这里面，"认同"使得个体行为在现实中不仅可以在发展的道路上免于过高的风险与阻碍，在某种程度上以"安全性"作为保障基础的同时在精神层面上也存在着超越前人这种可能性，这种"可能性"使得人更加愉悦。所以，"认同"孕育了"追随"的现象和"复制"的模式，使得批量生产、复制、克隆成为可能。这种克隆现象在这个时代发展进程中被体现得淋漓尽致。

大量老旧厂房整齐划一的改造模式的出现，便是这种克隆的

"真相"。在中国大量的滞留厂房待"处理"的时候，通过对历史上成功案例的解读，加上"复制"模式作为安全保障系数，我们把目光瞄准了历史上那些相似的事件。就像当初我们学习美国、英国、沙特和日本的经济发展模式和城市建设方法一样，我们选择"追随"和"复制"欧美老厂房成功改造的模式。

但似乎追随从来就无法获取到真正的内涵，对于老旧厂房改造来说，我们的追随只能照搬一些表象和符号形式——那种西方现代主义手法和风格对空间及建筑的表达和营造。在这里，最重要的"魂"被丢弃了，那种存在于时代变革内部的逻辑和不同人文色彩的时代烙印并不能跟随"形式"一起被拷贝过来。我们在设计改造过程中缺失的也正是那种意识形态以外的对于一种空间的判断与解读。

三、激情与个人的"疏离主义"

雷姆 库哈斯在他的"通属城市论"中提到"无个性、无历史、无中心、无规划的普通城市是未来城市的发展方向"。他认为，这种实用化的城市的伟大在于它极大程度上抛弃了那些不能用的东西、过去的东西。不是去改进过去或升华当下，而是完整性地丢弃，重新再来。它不能像考古学面对"无字地书"般层层挖掘历史，从中获得文化价值并作用于人类生存环境，而是把未来放在别处，"过去"完全变成了时代进程的"阻碍"。通属城市不是以建立一种持久的文化特征为使命，取而代之的是对于"个人疏离主义"（主要是指主体在其发展的过程中，由于自己的活动分离出对立面的客体，这个客体逐渐跟主体疏远）的放大，尽全力去从现实中获取暂时利益。这种概念被像老工厂改造这种单一的片段式城市新业态所放大。存在主义哲学认为，从社会心理学角度，可以把"疏离主义"分为五个维度[①]，即：（1）劳动疏离感：在劳动中丧失了目的；（2）无力感：不能对他人，对社会造成影响的感觉；（3）社会孤立感：与他人、集体和社会之间失去亲密接触的感觉；（4）价值疏外感：在活动中丧失了意义的感觉；（5）自己疏外感：感觉到自己和自己是陌生的。我国台湾学者张春兴对这种个人疏离主义也下了定义："由于社会变迁和都市工业化的影响，使人与其生活环境间失去了原有的和谐，终而形成现代人面对其生活时的疏离感。"在这种个人疏离主义的驱使之下，那种个人的孤立、无意义、无能为力被一种全新的无历史层次的"现代主义"空间存在所并购，这种"乌托邦"式的建立深受年轻人崇拜并追捧成为周末聚集的度假胜地。但是老旧厂房的物化外在只是作为文化的升级符号，"老旧"的附加价值作为"盾"必须保留，但作为"矛"的现代主义装饰风格的介入才是博得无数年轻观众青睐的关键，那么在这种矛盾中作为工业历史中的遗存建筑——老厂房要如何找到它们的存在和历史价值意义值得我们反思。

---

① 杨东, 吴晓蓉. 疏离感研究的进展及理论构建[J]. 心理科学进展, 2002, 10(1):71-77.

四、被时间征服的空间

空间带给人记忆的感受，而这里的记忆就是指时间。人会谈论空间的过去以及它的现在和未来。人们不会谈论"时间"本身，尽管人们都非常清楚，过去、现在和未来都是时间，但时间作为这个一维空间的物质，无形无色无味，人们感受到的往往是三维世界的空间存在。可当人们忽略了"时间"这一物质，空间与人就再无关联，因为他们各自作为本体已经先于"时间"存在着了，是"时间"把他们连接起来产生了关系。

但是，对彼此独立存在的"人""时间""空间"来说，各自作为本体存在，自己在不停地变化和消逝，又彼此依托，相互影响。所以，不同的人面对着同一个空间，他们的感受是不同的，因为背后永远存在着一个变化着的时间。这个时间我们叫它"记忆"，或是空间的"经历"。

当我们试图挖掘出老旧厂房的历史记忆与空间经历时，我们首先需要明确的是我们个人的立场。是作为时间轴的某个点以历史切片的样式介入还是完全从单纯的空间本体角度，而抛开时间概念。如果，我们选后者，我们探讨的是其空间物质构成（砖、钢铁、木头这些建筑材料，以及周围环境对它的影响）；如果我们探讨的是其历史切片，那么它的存在意义和价值只在"过去"，"今天"它已被废弃，而"明天"是未知的。所以，作为通过某种既定的"风格"来诠释空间，试图站在"今天"去挖掘"昨天"的历史价值与文化记忆的做法都是带有主观幻想主义的。人们总是以个人经验试图一次次地用时间征服空间。我们对"即时性"的要求越来越高，从而使人与人的时间关系要小于人与人的空间关系。我们可以通过一张照片、一片砖瓦、一部机器直接回到十年前，而连我们自己在那一刻似乎也忘记了，这些只是存在的暂时假象。这种存在意味着快速地推进了从真实的"过去"到真实的"未来"的发生速度，使非线性时间的距离缩短，使空间的衰退加剧。人们开始回过头去寻找以往稳固的信任和内容（复古的：老器具、老的生活方式、老味道、老交情、老观念、亲情）。人们把符号留在身体上，空间把符号留在人的心里，他们都在试图实现对某一特定时刻的"永恒"。而在那一刻过后，所有发生的"痕迹"都将成为那一刻的过去。一切也从那一刻开始成为起点，所有的发生都在未来。从文化的符号到物质的象征，再到空间的形式，无一不在标记着对过去的怀念和对未来的恐惧。

| 第六章 |

观点：老厂房改造设计中装饰的角色与道德

　　老旧厂房改造设计的空间装饰到底在整个改造环节中扮演一个什么样的角色？它们都应该由哪些物质组成？上文我们提到了应该把空间中的一切装饰去除掉，因为它们无法与空间的本质相融合，我们面对的大多数老旧厂房内的情况基本一致，以历史遗留痕迹与新结构材料嫁接，再配上一些个性化的装饰，或者是画或者是雕塑。这些附着在空间本体上的物质在某种层面上消耗了空间本体所传达给人的那种亲近感，反成为人们关注和谈论的对象，在空间与人的关系上进一步拉远了彼此的距离，使得空间与人更加生疏。但当我们面对一处只有残迹的旧厂房时，我们如何更有机地去"装饰"它，而并非利用一些与其无关的物质对其进行消耗呢？

　　建筑师沙利文曾说："装饰和结构之间存在着一种特殊的认同感。就好像装饰是建筑本身材料中生成的一样。"威尼斯建筑师阿尔弗雷德·鲁斯认为："因为装饰已经不再与我们的文化有任何有机的关系了，它也就不再是我们文化的表现形式。"两种观点看似相反，一个认同装饰，一个反对装饰，但毋庸置疑的是，两者都在讨论装饰的合理性。换句话说，装饰被滥用是因为它不具备与历史相符的身份而被硬性的存在。如果它与空间本身的存在一样具有意义，似乎就可以很好地阐述空间所带给人的价值。正如1969年，建筑师路易斯·卡恩说的"连接处就是装饰的开始"。

在这里，装饰所诠释的含义与装饰的材料起到关键性作用。当我们面对一些残砖烂瓦的历史痕迹时，我们是否有能力去进行附着在它空间本体之上，又同时拥有其空间属性的装饰呢？难道我们所使用的分割色彩或是制造迷幻色彩的灯光以及装饰画和雕塑可以完成这一使命吗？空间无一例外都在进行着自我装饰，它建造的过程总会留下痕迹，这些作为建造过程的材料本身就具备装饰属性。这种材料的色彩和物质特性带来了空间自身的装饰，这与生俱来的装饰不是后来人所能够强加的。

很大程度上，装饰是精神上的东西，是我们文明程度的表达、文化程度的证明。有些时候，你通过财富进行符号化堆砌般的空间装饰，在某种程度上已经在毁坏空间意义，违背了空间本质。这种体现并非健康的，最多只能形成一种群体性的暂时自我满足。从任何角度讲都不是对空间富有同情的爱意表现。更可怕的是，一旦这种审美被人吹捧成为标准，不幸且拙劣的模仿者就会蜂拥而至，这种现象也正是我们处理老旧厂房改造时正在发生的。在我们所有的道德标准之下，还有一种因为其美学和历史意义而被保留的事物，它就是空间的"灵魂"。所以，当我们开始进行对原始情况的改造时，我们一定要弄清楚装饰究竟意味着什么。这种追问直接会影响到我们对空间本质的尊重，以及空间所能传达给我们的意义。这种传达不仅仅是暂时的，还是在它悠久的历史长河中，对我们潜移默化的影响。这是一种真正意义上的对历史、对价值、对文化的尊重，不去刻意制造一种城市记忆的假象和历史存在的幻觉。

真正的装饰不是美化其外表，在人与历史真相面前掀起一座屏障。真正的意义在于与历史的融合、与结构的相称，好似空间本体的生长与延续。它是对空间本体的一种强调而并非遮挡掩盖甚至是掩饰它被认为的"弊端"。一切装饰的开端必须符合且尊重其空间结构特征，符合始末，比例适中。刻意的掩盖只会让问题越来越严重，使人感到不安。你所做的一切必须在满足空间功能的基础上，合理的使用与它相称的甚至是延续的材料，这样的无缝合作才能使装饰在空间中发挥作用，从而使人感到舒适和真正意义上的历史再现。这也许就是我们会去选择老旧厂房进行改造的原因吧。

所以，无论老旧厂房的改造业态如何变化和发展，其对于空间的认识以及装饰性的道德标准是不可改变的。我们明确了空间与自然和谐的立场，也从可持续发展的理论角度提出了环保以及持久性，这些素材给予了我们更丰富的想象空间，从而也更加明确了空间应有的形式。自然法则是我们必须要遵循和敬仰的，但在短期共同利益的驱使下又无法做到绝对服从的。从发展的角度来说我们可以从空间与自然的和谐发展中明确地获得一些真实感。当我们遵循自然法则，尊重空间本体，抛开现实主义共同利益的层次，从情感中获得灵感，我们就会对自然以及空间本质具有敏锐的痛感。让所有这些我们所能触碰到的空间在时间的长河中留存下来，并可以让后人再去进行他们有机的挖掘和探讨并延续。"理想存在于其自身中，你只是作为将这理想挖掘出来的工具条件而存在。"——托马斯·卡莱尔

|第七章|

总结：理论探索与实践推进
——什么才是改造设计的可持续性

第一节 "以人为本"的可持续性

在儒家思想看来，人与自然的本质是类似的。程颢说："仁者，以天地万物为一体。"克己节制，也是孔子儒家思想的重要内容。"有天地，然后有万物"，"有万物，然后有男女"。自古以来，建造的本意就是依附于自然，存在于自然的。古代人类对于任何的建造和改善都是因地制宜的。他们了解，也非常清楚是大自然赋予了人类最高级别的产物。那时的"设计师"建造宽大的壕沟去抵御南方洪水的侵袭，北方则借助丘陵以石砌城池。他们通过堆筑、版筑，利用夯土与沙石制造出中规中矩的布局，这种布局的设定已经不仅仅是防御的功能，更多的是表达宇宙观和显示政治秩序的意味。这种建中立极的理念至少可以上溯到四千多年前。现代人对于空间的体验莫过于城市日新月异的变化与天际线不断升高的体验，科技和资本时时刻刻在改变着我们生存的世界，改变着空间的原有含义。也许在当下不仅仅是中国设计师反思，连同普通人也应该提出这样的问题：我们对城市的职责是什么？我们如何行动？我们究竟需要什么样的空间？我们究竟需要怎么样的生活？

老厂房的改造设计，正是中国目前如火如荼的城市建设改造与文化认知的一个小小的缩影。这种现象的发生一方面标志着中国开始对过去有了正面的认识，敢于承认和面对过去，同时对自身文化的价值也开始有了关注和展望。目前老工厂改造也正显现了中国在现阶段进行城市建设与文化建设时所面临的问题。我们对于这种现象的认识，一方面需要站在历史的某个节点来看待，同时也要从宏观角度，作为一个人从更长远的与空间共存的角度去看待。我们关注往昔带给现今的意义，试图从过去寻找到今天的价值，但对于回忆的认识不应该也不仅仅是某种印象或是墙上的某片记忆。回忆可能包含在你触碰东西的某个动作，你与邻里寒暄时的某种气氛，你在街上漫无目的游走时明明晦晦的思索。回忆也包含着对于空间本体的守护，对于材料本身的尊重，对于它和自然之间关系的维系。回忆更是我们对于空间、时间、人这三者联系的正面认识与思考，对于多元化的理解，对于文化的珍藏与呵护。我们应该时常责问自己怎么才能不粗暴而拙劣地滥用历史元素，怎么才能又不失往昔。

当城市的文化被拔地而起统一的模块化的建筑所破坏，当云端到处被填满了飞机，当原本走人的街道跑满了汽车，当中国的知识分子还是满心幻想地去乡村寻找那原本生活的味道时，万万没有想到，曾经的半边山水半边城的面貌如今却变得如此统一。曾经充满烟火气息的乡间与巷尾也被新农村建设的统一模板所取缔，一面面粉刷干净的白墙上画着人们对未来的向往，我们也只能用"艺术"去勉强解释。但当我们试图从往昔中寻找到工业与科技生产带给城市和人们生活巨大变化背后的意义时，当我们开始重新审视并意识到文化识别的重要性时，我们所面临的却是一个又一个做作且有些虚假的，被冠以"文化符号"的空间和城市，这个城市永远只属于别人。人与城市的关系、人与空间的关系也因为"别人"的介入相互失去了联系。现在我们有意识地把它们保存起来，试图恢复原来人与城市的关系、人与空间的关系，这在社会发展以及中国在世界范围内的文化地位息息相关。世界的未来在中国，我们有灿烂辉煌的文化，我们可以把一切抛弃，一切也可以再造，但唯独文化的识别无法重生，也无法虚幻。我们能做的就是对文化的尊重，对民族精神、民族尊严的保护，以及对历史的正面对待和正确处理。我们要常问自己，传统到底是否还有价值，自然的生态对于今天还有没有作用。中国的风格，不能又只是一个概念化的社会以及文化现象，记忆的留存不能总依附于那些"怀旧"的装饰。经济对于城市的影响太过强势，我们是否还会进行回归空间本体的探讨，是否可以挽救曾经的文化尊严。除了历史保护和拆毁新建这两条路，是否还有一条能让新与旧、过去与现在、手工与工业建造同时并存的方式。我们是否应该自己向"自己"学习，为了我们生活在这个时代的人，也为了生活在下一个时代的人添一份文化的自信和骄傲。

可持续性是一直以来被作为世界范围内的议题在各行各业所讨论的。可持续性也是新兴产业发展的重中之重。可持续发展的第一要务是和谐。和谐发展是当今全球化进程中不可不提，也不容忽视的一个问题。世界要和谐，国家要和谐，各种族之间也要和谐。落到具体的人、物、自然、建筑，当然也要和谐共生。怎么才能在老工厂改造中做到和谐共生，也许找到了这个解决途径和办法，我们也就向可持续发展迈出了重要一步。

荷兰建筑大师基·考恩尼（1949—）说过："建筑绝不只是单一存在的个体。它与构成自然的许多秩序一样，也是庞大秩序中的一个。"好的建筑、好的建筑师一定不是抛开环境来看待与设计建筑的。老厂房建筑亦是如此。作为历史的遗迹，被保留下来的不仅仅是红砖青瓦，也伴随着它周围的绿树成荫。几十年甚至上百年的老树，也许是建筑同时代甚至更早就扎根于此的。如何在不破坏整体规划的前提下，最大限度地保护这些绿植，甚至如何充分利用好这些花草树木，这些已有的古树会给新的设计以什么样的启发，设计师可以通过反向思维得以充分思考。就像西方庭院里出现的树屋一样，都是先有了那棵树，房子的建造方法与形象才得以形成。

设计材料的环保在整个设计产业链里也是被广泛关注的，甚至不得不做的一件事情。材料的合理性、环保等级，也都在各种设计规范里被明确指出。在这里我们谈的不仅仅是这些，还有在厂房改造设计中，设计师如何采用利用这些新的环保手段，更好地把它们应用在新业态的设计中。树木的保留是一方面，绿树成荫可以在一定程度上解决绿化环境与能源损耗的问题。太阳能的应用既配合了老厂房历史材料痕迹本身——红砖与金属的结合，又能在空间电能供应上起到成本节约与环保作用。埃隆·马斯克（特斯拉公司总裁）就新开了一家名为the boring company（无聊公司）的公司，公司业务就在专门研究住宅的屋顶全太阳能板化。到那个时候，就可以实现室内空间电能的全太阳能覆盖。水的利用再回收也已经是一个很成熟的智能环保体系。这些就需要设计师和经营方有机地加以结合，改变传统设计与运营观念。

不仅如此，一个更融合的建筑空间，对周围人的影响也尤为重要。试想，有哪个人会希望原本平静的生活被打破，原本平静的建筑群中出现一个异类？百姓的呼声与怨声在很大程度上会影响到业态经营与发展，尽管这个异类真的很"大师"。当一个很平和、与周围环境相容的建筑空间出现时，发生应该是不知不觉的、提升性的、丰富的。《如画观法》中提到，要展望一种"师法自然"的设计思路。所谓"师法"就是向大自然学习，不破坏反而要迎合并加以效法。设计艺术不仅仅要做大自然的弟子，潜心钻研，各行各业的行事也要效法自然，不可主次颠倒，违背宇宙法则。

历史遗留下来的这些老旧厂房，不仅仅是一个城市和一个国家发展的痕迹与脉络，更是生活在这个城市和国家的人的记忆，好的、坏的、文化的或诗意的。无论如何，把它们合理地保护起来是当务之所急，而保护的更高层次便是让人们能使用它们并重新见证它们的品质。保护的更高层面也是这些冷冰冰的被历史抛弃的厂房被再一次唤起生机，发挥它之所能。作为可以驾驭并呼唤它灵魂的现代人，政府、设计师、用户，都有各自的一份职责和义务。保护，意味着再利用，合理化改造，控制成本，结合实际，结合市场，发挥其历史特点并坚持可持续性与协调性发展。

第二节　老旧厂房改造成为体育场馆的情感设计研究方法

众所周知，运动可以使人健康，但是，运动也会使人兴奋，也会上瘾。美国马萨诸塞州塔夫斯大学的研究者凯娜里克发现[1]："锻炼只要不对一个人生活的其他方面产生干扰，就对身心健康有好处。"长期坚持运动的人，如果一旦停止运动，第二天就会变得焦虑和紧张甚至沮丧。但，一旦恢复运动，他们的这种负面情绪就会消失。这是人身体里的奖励机制[2]在起作用。运动可以促进身体多巴胺的分泌，从而使运动者产生愉悦的情绪。大脑一次次地出现这种愉悦的命令从而导致成瘾。所以，保持运动在一定程度上可以使人的身体得到健康的保障，也可以使大脑多分泌一些多巴胺，让人保持快乐。所以，运动与人的健康和愉悦有直接的联系。

---

[1] 最容易上瘾的十大运动[EB/OL]. 体育新闻网, [2020-03-22]. https://www.spo5.com/.
[2] 冯绍群.行为心理学[M]. 北京：学苑出版社.2003.

人情感的变化会改变大脑思维模式[①]。强烈的恐惧往往使你不能正常活动或行为。爱丽丝·伊森（Alice Isen）[②]教授在她出版的著作《情感与社会行为》（*Affect and Social Behavior*）[③]中做了一个实验：她首先邀请了一些学生来到实验室，实验室里面摆放在乱，桌子上有一些书和剪刀等实验用具，在空中有两个绳子垂下，彼此距离很远。要求是把两个距离很远的绳子系到一起。她对她的学生们说，这是一场关于智商方面的测试，它将测试出你在日常生活中的应变能力。实验的结果很让人遗憾，没有一个学生可以把两个相距甚远的绳子系到一起。于是，她又邀请了另外一波学生来到实验室，在实验开始之前，她对同学们说，"对了，我这有一些糖果，我平日不吃，你们想不想分享一下大家都尝一尝"，实验室里的气氛一下子变得融洽愉悦了起来，糖果带给大家的开心淹没了一场严肃的测试带来的压力。最终第二组同学成功地把绳子系了起来。

这个实验验证了：当你心情放松愉悦的时候，你会把更多的多巴胺输送到大脑前额，这时你进入一种"宽式为先的思考"[④]，也

---

① 宁良凌.激活大脑的八种方式. [J]. 决策与信息, 2015.

② Alice M. Isen 介绍. [EB/OL]. 心理学空间，https://www.psychspace.com/psych/category-817.html. Alice M. Isen 爱丽丝·艾森，马里兰巴尔的摩大学教授，情绪研究专家。研究领域：应用社会心理学、情绪情感、健康心理学、助人与亲社会行为、人际过程、判断和决策、生活满意度、幸福感、动机、目标设定、神经科学、心理生理学、组织行为学、社会认知。

③ Bert S. Moore，Alice M. Isen：Affect and Social Behavior. [M]. Cambridge：Cambridge University Press，1990.

④ [美] 唐纳德·A. 诺曼. 设计心理学3情感化设计[M]. 何笑梅，欧秋杏，译. 北京：中信出版社，2015.

就是心情愉悦时你将会有更多好玩的想法以及更广的创意。这其实就是"头脑风暴"[①]的本质。在《斯坦福大学最受欢迎的创意课》[②]一书里有一个案例：教授要求学生不准说话，在规定的时间内按生日的大小排成一排。一开始大家都觉着很难，几秒后，有人开始打手势，最后完成了任务。但当教授问还有没有更好的方法时，有人想到可以写在纸上，或者拿出驾驶证，在地上画时间线，甚至把生日唱出来，因为没有规定不许唱歌。这个游戏告诉我们，人们往往只想一个办法就停止思考了。这就是为什么要"头脑风暴"。这种"宽式为先"的思考也可以被认为是一种思维的横向水平思维[③]，由爱德华·德·波诺[④]最早提出。他把思维方式分为两种类型：一种是垂直思维，另一种是水平思维。垂直思维是一种逻辑思维，他会对每一个单体问题进入深层思考，后一个环节的一句一定是前一个环节的结果。水平思维恰恰相反，它是一种更广泛的思维方式，以创造力为前提，对一个问题在水平层面展开横向思考。所以，这种横向思维的方式往往是在创意公司前期创意阶段被采纳和应用

---

① 王学文. 工程导论[M].北京：电子工业出版社, 2012. 头脑风暴（Brain storming），是由美国BBDO广告公司的奥斯本首创，该方法主要由工程工作小组人员在正常融洽和不受任何限制的气氛中以会议形式进行讨论、座谈，打破常规，积极思考，畅所欲言，充分发表看法。

② [美] 蒂娜·齐莉格. 斯坦福大学最受欢迎的创意课[M]. 秦许可,译. 长春：吉林出版集团, 2013.

③ [英] 爱德华·德·波诺. 横向思维（上下）[M]. 德·波诺思维训练中心编译. 北京：新华出版社, 2002.

④ 爱德华·德·波诺（Edward de Bono，1933年5月19日—），法国心理学家，牛津大学心理学学士、剑桥大学医学博士，欧洲创新协会将他列为历史上对人类贡献最大的250人之一。他在20世纪60年代末期提出"水平思考"方式，改变了日常人采用"垂直思考"方式容易出现的问题。这种思考方式在20世纪80年代末期曾经在香港大界兴掀起一阵热潮。此外，他在20世纪80年代中期提出的"6 Thinking Hats"TM（六顶思考帽）思考法至今被采用。

的方法。这种水平思考往往会采取一种"随机"性。也就是说，你可能针对主题说一个名词，然后随便再把其他词叠加到这个名词上，从而产生一种新奇的东西。例如，汽车，下一个词是小鸟，再想个词叫大海，那我们就得出了，具有鸟特性的会飞的汽车，然后也可以在水里面游，那是不是就产生了一个水路空三用的机器？这种看似随机的、不着边际、没有联系的过程中，你会产生大量的创意和新奇的想法，看似无逻辑地叠加在一起，最后再一点点地归位逻辑思考，采用垂直思维一点点地把所创意之物付诸实际。但是这种宽式思维很容易被外界干扰，你可能正在朝着一个创意方向进行深化，突然产生了新想法，长此以往，你便不会真正意义上实现任何创意的落地。"深度第一处理原则"恰好是解决这个问题的办法，也是上文提到的垂直思维方法。这种垂直思维往往是在人十分焦虑时产生的，但这种焦虑却可以带给人专注，你可以集中精力在一个问题的研究上面。唐纳德·A.诺曼①博士2003年2月在TED-MONTEREY CALIFORNIA一个名为"设计使人快乐的三种方式"演讲上提到一个例子：他把一个木板放到地上，他可以随意地在上面行走，无所畏惧，行动自然而放松。但是，同样长度的木板放在空中，他却根本不会上去尝试，因为除了特技演员或是建筑工人，普通人都会对此感到畏惧。强烈的恐惧让你不能正常活动，他会改变

---

① 唐纳德·A.诺曼（Donald Arthur Norman，1935年12月25日—），美国认知科学、人因工程等设计领域的著名学者，也是尼尔森诺曼集团（Nielsen Norman Group）的创办人和顾问，他同时也是美国知名作家，以书籍《设计&日常生活》闻名于工业设计和互动设计领域，并曾被《商业周刊》杂志评选为世纪最有影响力的设计师之一。

你大脑正常的思维模式。这就是深度第一处理原则。当你处于恐惧或焦虑状态时，你大脑里神经交互作用就会加快运动，这会使你更集中精力。所以，如果你想完成某项工作，你必须要加上时间节点和一些适当的焦虑。

人类经过漫长的演化过程，慢慢地变得非常喜欢鲜艳的色彩。因为人获取信息的途径大部分要靠眼睛来看，而通过眼睛获取的信息都充满了色彩。色彩比语言更具有敏锐的沟通能力和直接的心理暗示，不同的色彩对人的心理产生的作用也有所不同。不同的色彩波长的变化也不同，它在人类可以看到的范围内是380纳米到780纳米[①]。它处于一种不停的变化当中，每秒钟大约可以震动400兆到800兆，其中红色每秒钟震动471兆，它会引起血压、脉搏、体温的上升，从而带来活性和兴奋感，蓝色每秒震动622兆，它会带来血压、脉搏、体温降低，从而达到抑制和镇定的效果，正是由于这种震动频率的不同，从而给我们心理和生理带来巨大的差异。[②] 所以，图像控制人心。[③] 图像的表达并不是表达事物的本质，而是为了抓住人心。人类进行视觉信息的处理主要通过人类视觉注意这一重要的心理调节机制。在信息爆炸的社会，有大量视觉信息输入的时候做有机筛选变得非常有必要，视觉注意力提供了这样的功能。人类视觉系统可以帮助我们过滤一些不相关的信息，更加关注感兴

---

① 孙孝华. 色彩心理学[M]. 上海：上海三联书店，2017.
② 刘刚. 色彩与人类的心理, [EB/OL]. 硕博心理. [2019]. http://www.shuoboxinli.com/.
③ 蔡红梅. 让图像来打动人心[J]. 传媒观察, 2008(11):42-43.

趣的事物，通过及时分析视频中主要的信息（颜色、亮度、轮廓、运动等），从而快速地提取关键目标对象。[①]

　　首先，我们可以运用色彩。上文提到色彩可以使人产生愉悦的心情，不同色彩对人的心理影响不同。那么在老旧厂房改造成的便民体育场馆中，我们也可以对色彩有所考虑。例如，我们可以使用红色或橙色来营造氛围，给运动者以激情、速度、力量的暗示。这种刺激性的配色同时可以刺激多巴胺的分泌，从而使人更加具备运动效率和健康快乐的心情。同时，我们应该结合不同运动的属性运用色彩进行合理地划分。尽管，在地面色彩的划分上，通过长期研究已经得出了基本采用蓝色和绿色可以使运动员尽量做到注意力集中于赛场竞技上面。但是，在立面的色彩设计上，我们仍然可以重新对其进行定义。尤其在老厂房改造成为便民体育场馆这种特殊性质的业态上面，对于里面的处理，如何能发挥色彩引导的作用，同时可以跟老厂房本身存在的历史感融合，还能够复合不同业态存在于一个空间内的需求，这是我们可以再去进行深挖的一个设计角度。

　　在空间导视系统的设计方法上我们前几章已经提到了，在这里，针对字体的设计可让客户快感简单地获取信息。在一个空间里字体对空间的影响仅次于颜色。一个非常严肃认真的字体出现在运动空间里会给人压抑和疲惫的感觉。反之，如果是政府办事机关就必须要体现紧张严肃的氛围了。所以，无论你要使用英文还是中文

[①]　陈梦泽. 人类视觉注意力的发展与分析[J]. 吉林省教育学院学报旬刊, 2012(12):147-148.

字体对空间进行视觉导视系统的设计，都要秉着符合其根本业态属性的原则。对于运动场馆来说，首先就是要有一个轻松愉悦的氛围，另外，所选择的字体也需要在一定程度上使客户看了有一种快乐的感觉。"认识必定是以人类的特性为转移，不可能有超越于人类特性的纯客观认识。"——尼采① 。认知的意义在于理解这个世界，而情感则是试图解释这个世界。所以，当我们去应用一个字体的设计时，不仅仅要考虑它的信息传播性，更重要的一个层面是要抓住观看者的心理。

光线的变化可以使人产生不同层面的感知，人可以在闪烁的灯光下变得激动和注意力集中。光是通过神经系统影响人的机体，神经纤维将光信号传递到视觉皮层和脑部的其他部位，控制身体的生物钟和荷尔蒙，对脑下垂体、肾上腺、甲状腺均产生影响。通过它们之间的相互作用，产生、重置和调节人体的生理和行为节律。明亮的光导致体温的增加，提高我们的认知效率。② 适当地运用灯光的变化可以带给空间以生机，同时也不会让长久运动的人感到疲惫和乏味。

适当地加入音乐来营造空间气氛。我们可以看到一般专业的

---

① 弗里德里希·威廉·尼采（Friedrich Wilhelm Nietzsche，1844年10月15日—1900年8月25日），德国著名哲学家。西方现代哲学的开创者，同时也是卓越的诗人和散文家。他最早开始批判西方现代社会，然而他的学说在他的时代却没有引起人们重视，直到20 世纪，才激起深远的调门各异的回声。后来的生命哲学、存在主义、弗洛伊德主义、后现代主义，都以各自的形式回应尼采的哲学思想。

② 刘臻臻，黄修城，陈少藩，等. 光照条件对视觉心理的影响[J]. 中华实验眼科杂志，2019, 37(7):577-581.

赛场里，尤其是篮球场里面都配有音响和DJ，主要目的在于营造赛场氛围。无论是双方比赛进行中，还是中场休息的时候，都会有不同的音效出现。不适当的音乐也许会干扰运动员比赛的注意力，但是，如果配合着比赛的进行，进行合理的音效选择，不仅不会打扰运动员，反而会给运动员增加比赛的动力。声音是粒子运动的结果，音乐是振动的物质，物质和精神是音乐的两个特性。人们接触音乐，感觉到的是它的物质的存在，随着时间的延伸，便会感受到它那广阔的精神世界了。无论音乐的物质特性，还是精神特性，对人体的健康都有非常重要的影响。[①] 音乐对人的情绪、情感的影响是显著的，也是其他艺术形式所无法取代的。人有喜、怒、哀、乐、爱、恶等情绪，这些感情都可以通过音乐进行表达,音乐实际上是人宣泄感情的一种巧妙方式。[②] 我们也可以在这种老旧厂房改造成为的便民体育场馆的内外适当地增添音效，做好场地间的隔音工作，使得每一块场地除了功能和色彩有所区分外，在音乐选择上也各得其宜。一个由音效控制的"动态场地"，势必会增添用户的黏合度，有助于人们在有限时间内的运动效率以及运动快感的提升。综合起来就是想让用户在运动的过程中享受一个更加人性化的个性空间。同时，充分考虑到业态需求，让人尽可能在有限时间内获得更好的运动体验。但是，任何事情都要讲究一个度，过度地运用色彩，灯光音效和怪异的字体会适得其反，让参与运动的人

---

① 李鸿宾. 音乐对人心理的影响[J]. 高保真音响, 2005, (008):52-53.

② 李念红. 音乐对人情绪的影响[J]. 文化月刊(7期):55-55.

感到不适。毕竟环境的塑造是为了人，而不能一味地追求空间设计的"尺度"放大设计的"内容"。总之，"情感设计"的目的是带给人快乐。充分把握好人类情感的变因，要通过这种"行为化的设计"让用户感觉到一切尽在掌握。空间的可用性、空间的亲密性、对空间的理解，以及空间质感或是重量都要消除使用者与空间之间的阻碍，这样的空间才是真正地以人为本。

第三节　关于老厂房改造成为便民体育场馆的可行性理论体系在可持续发展理论框架下的应用

一、以小见大的老厂房改造成为便民体育场馆的研究本质

其实，我们在近二十年的时间里探讨的老厂房改造问题以及其与文化产业结合，和这本书里谈论到的如何与便民体育场馆有机融合，实际上，都是我们在特定文化背景下对社会发展进行的一种反思。我们如何看待一种现象或是一个发展方向，以什么样的态度来对待它们，我们如何行动，如何能让现象背后隐藏的事实良性并且周而复始地运转，我们亟须解决这些"现象"或是"问题"的途径。

　　每个国家、每个民族都有各自的起承转合，文化的不同导致我们思考方式的差异性，社会的发展使我们更敏锐地区别出不同层面的多样化。我们站在什么样的立场来进行思考，这种思考是否可以给自己生存的社会或是在更大层面上为自己民族和国家的发展添砖加瓦，是这本书的最后，我们力图从一个小问题——关于老厂房与便民体育场馆的相关性的研究，放射到一种关于社会或是国家的可持续发展的思考。但是，作为个体，我们每个人的能量有限，我们能做的是在各自的行业内去扮演好符合自己身份的角色。保持正面的态度，以及以更有机更健康的可持续发展态度去做好我们每一项工作。作为设计师，在你去重新构建一个空间的全新蓝图时更要保持一个敏锐、负责任的立场。要从自身专业背景，更重要的是从人文立场着手去规划和工作。每一段历史都是在不停地"犯错""反思"中得到进步和发展的，但错误的是不敢正视历史以及不敢对其进行改正，设计师亦如是。建筑大师勒·柯布西耶[①]曾经说过："你一定要有耐心，最终，才会在人生的第一次挫折中意识到你生来就不是什么都懂的，但做点什么总比什么都不懂强。要明白，你总有一天会死去，活了一辈子，这再稀松平常不过，你要释然。"

　　想成为一个合格的设计师，你需要具备理性与感性兼而有之的性格。你既要具备工程师的素养，同时更多时候应该扮演一个艺术

---

　　① 勒·柯布西耶 (1887年10月6日—1965年8月27日)，20世纪人们公认的、最著名的建筑师。出生于瑞士的著名小镇拉绍德封。他既是一个天才建筑师，也是一个人气作家、城市规划师、优秀画家，还是一个无人能及的辩论家，勒·柯布西耶是一个能够影响世界上最有权势人物的建筑师，在世界上几乎每个城市都可能看见他留下来的那些不可磨灭的标志性建筑作品。

家的角色。但是只是在艺术上面有所成就，却不懂结构，不了解材料，没有人文精神，你最终也将会一事无成。勒·柯布西耶提醒过后人："有些人在艺术文学上很有天赋，却往往徒劳。因为他们对物理一无所知，也不明白需要花费时间和他人合作的道理，所以无法创造恒久的作品。"一种良好的自身素养与对于设计思维的掌握才能创造一个有"人情味"的理想空间。当科技高速更替，人工智能正在一步步替换人类的时候，唯独人类这种多维的思考才是持久的，似乎与机器相比这种思考没有机器稳固，但也恰恰是这些不稳定性带来了更有温度、更像人类社会的现象。在无数场景和经历的积累之后产生的思维与既定的工程模式有着巨大的不同。学会思考，用辩证的、可持续的、有机的理念去营造，去创造。

二、人，改造设计的掌控者，更是可持续发展的第一要务

慢慢我体会到，真正意义上空间或城市的可持续发展，除了我们经常探讨的材料环保、生态平衡、节能技术以外，人的因素不可忽视。这个人包括现在正在参与其中的人，也包括每一个普通人。作为设计师，更作为一名大学老师，教给学生正确的思考方式、恰当的行为方式，以及保持质疑与思考的辩证方式尤为重要。真正的可持续、真正的环保与再利用，必须是每一代人坚持不懈共同努力才能完成或维持下去的。"老工厂改造成便民体育场所"的命题，其实已经带有一种可持续的标记。找出一种恰当的方法固然重要，

它不仅平衡了社会的快速发展所带来的城市拥挤、公共区域消失、人们基本需求无法得到满足和价值分配利用不均衡等一系列社会或民生问题，更重要的是这个主题研究的确认，可以让更多的人有意识地、有目的地去关注"人与空间"的关系。如何来高效地满足人的本质需求，如何释放出公共空间供老百姓使用，如何变废为宝，设计师的职责重大，学设计的学生更是未来的希望。在这个科研命题被确认不久，我给鲁迅美术学院本科生二年级开了一门新课"材料与构造"，意在关注"可回收"或"不是材料的材料"等问题。通过一系列这样的举动，让他们亲身感受到材料的价值，让他们主动去了解如何构建一个本质性的空间，如何进行自我改变、改变对设计的认识、对空间的认识以及对学习方法的认识。我想，只有这样，才能在我们现在每个人坚持努力的同时，使这种"可持续性"的热火长燃，才能减少生态破坏，充分重视历史。也许"老厂房的改造""便民体育场所空间"此类主题只是我们主动思考人与空间关系探索的开始，也许"材料与构造"这门课也只是一种思考方式、设计认识与教学的全新尝试，但，这两者的"实验"至少让我们对社会、对空间、对人与自然的关系有了更多的处理方式的选择。我们至少可以提出一种思考或是质疑：我们到底要以一种什么样的方式来处理我们自己与我们所生活的空间之间的关系。历史事实也一次次地告诉我们：我们如何对待自然，自然也会一样地反馈给我们，只是一切还没发生，一切也已正在发生。

三、关于老旧厂房改造成为体育场馆的可行性理论体系在实际教学中的应用——把探索的"常识"延续并留给未来

这是我的授课琐记"空间改造中的材料与构造认知"，也是"辽宁省关于老旧厂房改造成为便民体育场馆的可行性研究"课题的实际教学应用与尝试。让改造设计里的可持续理念发生在通才培养的起点。

课程名称：空间改造中的材料与构造认知

专业学科：艺术设计学专业 本科生二年级 上学期空间设计专业基础课程

课程设置目的是让学生对空间改造设计基本体系有所了解。通过对材料与设计基础图形的认识与发散，将图形作为一种基础语言元素对空间进行设计。课程训练方式方法结合了传统视觉传达设计基础课程中的平构、立构和色构。所以它更像是一种三大构成的发散，并通过材料来表达与认识制作的过程。不同的是这次基础课程采用的媒介与行为不是纸笔，也不是电脑制图；输出的成果也不是一个个规整构成图或怪异的小模型（它们经常看起来很像病毒的单元设计），更不是一张张贴在墙上的色块或者让人眼花缭乱的视错组合。这是一次对于改造设计与治学以及信息获取思维和方法的尝试，我们在二年级设计基础课程阶段，开始引导学生培养自己动手、自主思维的建造（而不只是设计）意识，并对改造设计产生兴趣，同时对"犯错误"产生"痛感"。

这是一个挑战，因为所有学生都没有与改造设计相关的知识基础，长期以来，所有的设计也都在纸上和电脑上完成，华丽的外表更激发他们对于创意思维的热情与追求，而几乎没有人会提及和担心那些东西是否可以被实现，或者拿什么来完成。

当我向他们提出所建造的空间必须要具备真正的使用功能（是否有门窗进出和透气？），不能倒（不同于模型，不是艺术装置，它是真正的房子），并且需要经得起风吹雨淋（什么材料？是否有顶？是否有底？）时，他们一脸茫然。但疑惑的同时我明明又看到了他们脸上那种久违的兴奋与好奇，那种"哦，好吧我知道了"的被动与不屑消失了，取而代之的是"这是个什么东西，怎么完成？"。那一刻，我觉着，也许，课程开对了。

"我希望他们能用造房子的态度去全力工作，认真对待自己的生活，提早懂得责任，至于设计与学设计这个事，如果他们在二年级就已经明白了这些事情，那他们就可以毕业了。"——王澍[①]

（一）这门课程的重点与所要传达给学生的理念：

1. 强调改造设计态度的重要性，像工匠般努力工作，认真生活。

2. 强调改造过程的重要性，注重动手实践，从错误与失败中寻求解决问题的方法。

---

① 王澍，著名建筑学家、建筑设计师，当代新人文建筑的代表性学者，中国新建筑运动中最具国际学术影响的领军人物，中国美术学院建筑艺术学院院长。2012年2月27日获得了普利兹克建筑奖（Pritzker Architecture Prize），成为获得该奖项的第一个中国人。

3．把最大的空间留给学生，不约束、无条框，让他们尽情发挥创意。

4．强调对改造设计材料的重新认识，对生活中的事物要敏感。

5．对跨领域甚至跨学科的关注，综合艺术、哲学、科学、心理学、社会学、人文学的知识。

6．兴趣而非灌输；通才而非专才。

（二）全部课程内容大致可以分为四个部分：

1．空间改造实践基础（现场／记录／材料转换）。

2．空间创意基础（素材整合／表达的媒介／创意背后的故事）。

3．改造设计的理论基础（设计的历史／设计的心理／设计的质疑）。

4．改造设计表达基础（设计的传播）。

（三）空间改造实践基础

我们把实践基础大致分为三个部分来阐述和实践：现场／记录／材料转换。之所以选择这三点来进行实践与教学，是因为在进行一项设计活动之前，这三个思维与行为过程必不可少，这也是进行一项设计活动时必不可少的思维逻辑过程。遵循好这个连续性的过程对于设计者来说是至关重要的。

1. 关于现场——当你走近一个老厂房或是破旧的体育场馆

对于一个美术学院二年级的学生来说，也许提到"现场"，他们的第一接触点便是"教室"或"工作室""画室"。这是很显而易见和符合逻辑的。就像老师说"上班"第一反应便是走进办公室、进入课堂，谁也不会认为中午去食堂吃饭也是"上班"。这里就存在一个场景或是思维转换问题。难道说"吃饭"时间，不是"上班"的一部分吗？当然是，也许在排队打饭或吃饭时间就跟同事讨论出某种设计议题或是解决了学生的一个疑问呢，也许这个议题正好被应用在科研或是日常教学之中了。所以，在这里"吃饭"也可以被理解为"上班"的一部分。那反过来，对于学生来讲，课堂以外的地点，是否可以被称之为"现场"呢？答案是肯定的。你从寝室下楼、去食堂吃饭、走在去工作室的路上、在操场上慢跑、与朋友交流、回寝室躺在床上望着天花板，这些通通可以被称为"现场"。那么在此，这个"现场"就好理解许多。是与否在于人，这个当事人是否在行为的过程之中进行有意识（或无意识）的关于某种特定事件的"思考"。所以，这个"现场"的概念被放大到无数倍，只要你想了相关问题，哪里都是"现场"。我们暂且给这种现场起个名字——"思维的现场"，也就是说你思维了你就是在"现场"。

这种广义的"现场"放大了一个实际区域的尺度，拓宽了当事人对于时间空间的限制，对于把控这些空间的人（作者）来说，需要不停地转换思维和感知系统，时刻对当下发生并进行的事件进行有效的"发声"（发生）。下一次当辅导员老师找不到你人打电话给你时，你可以理直气壮地说："老师，我在现场。"（此章节部分思考受海德格尔《存在与时间》一书影响）

2. 关于记录——你应该记录什么，从什么地方开始记录

其实像以上说的"现场"还有很多。在这里主要强调当事人的思维和逻辑。当你有了一些关于事件的思考，也许是由某一种现场所激发的。而每个人由于经历阅历、背景、所处环境、种族（民族）、心理生理结构不同，所产生的感知也不同，记录你的感知，这也许是进行下一步创意的起始点。

记录所有打动你的事物，不放过一切，这些素材直到你设计的完结都还有意义（很多时候直到那个时候你才了解它的意义），不要后悔，也不要大叫当初为什么没在意，每个人都会因为失去才能珍惜。改变就好，提醒你，尽可能地多收集一切：美的、丑的、软的、硬的、五颜六色的、花枝招展的、孤苦伶仃的、一筹莫展的，总之，他们不是他们，他们也是他们，把他们变成你的（是你主观认为的，但其实客观不存在的）。你要做他们的主宰，把他们变成她们。（本节部分概念受黑格尔《概念论》中理论影响）

不仅仅是手机记录，你需要纸笔，也许还需要一张硬一点的板子方便你记录。请不要使用口袋本，因为只有哲学家和作家才会用到，那种本子太小了，根本不够你发挥与记录，请使用大一点的纸，不一定统一，但记录完你一定要收好，因为它们才是你灵感的来源，在未来设计结束后做创意说明、作品阐述时也是必不可少的

元素之一（后面设计表达章节会讲到这一点）。你可能还需要一个
电子尺，这样有助于你对空间有更好地尺度把握与记录，把功课做
细，也许你是唯一一个记录了某些场景尺寸的人而得到大家的刮目
相看。当然，有些时候，你的身体是很好的测量工具，例如你可以
大致认为，一步（男生［180厘米身高］正常一步，女生［165厘米
身高］一大步）为一米；手的大拇指和小拇指伸开绷紧为20厘米。
当然，如果你有信心的话，也可以采用目测或标志物测量法，例如
你可以量一块建筑模板的尺寸，再目测它是由多少块模板构成的。
你站在一个现场，手里拿着纸笔，戴着墨镜放眼望去告诉大家，这
个建筑137米高，那个时候你一定很酷。（日本学者、建筑师关野贞
［1868—1935］，能透过车窗外的一眼，便注意到了独乐寺古老建
筑的存在，非常惊人，令人佩服，是天意让他发现了它。）当然，
我仍然是很建议在这项工作中采用小组团队作战的方法。这样既能
保证数字的准确性，效率高，同时你们也能在团队合作中得到不一
样的乐趣从而碰撞出更出色的设计。当然，还有一点不得不提，团
队合作也是安全的保障之一。当你身处险地，身边有人你总会没有
那么孤独，当你因为没有穿现场工作鞋而被钉子穿透脚心时身边有
人，你就没有那么疼痛。永远记住，安全第一位，不要冒险做事。

3. 对于材料转换的理解——改造设计中的材料应用

尽管你可能不相信，但是在你记录的过程中，千万不要放弃
任何触动你的事物。罗兰·巴特说"生活是琐碎的，永远是琐碎
的"。但这些琐碎也构成了生活的片段，使生活变得丰富，不一定

多彩，但足够真实。去试图捡拾你看到的碎片，观察它们，触摸它们，有时候甚至可以尝试下它们的味道（有很多设计师、艺术家通过某种物质的味道进行设计，你也可以通过品尝一个铁钉子的味道从而知道它与一块棉麻的属性不同）。有了足够真实的触感与体验，你的作品才够真实，你的发声才足够有力，你输出的作品才能打动人。这一切皆在培养作者的一种习惯，在不同的物质之中寻求一种共通和转换。通过对它们品性的了解，从而更游刃有余地发挥其最大效用。

发现物质的特性，钻研其结构，不要固守它原本的价值，它原本的价值对于你来说是没有意义的。你的眼光必须要独特和犀利，换句话说你必须要与众不同，完全打开思路甚至带有一点幻想色彩和妄想主义就更棒了（可以看看意大利导演费里尼写的《梦的笔记》来打开妄想的思路）。也许钢网不再是市政围栏和纱窗，它可以如大自然一样柔美和性感；施工安全条形防护网也会在你的转换中变成高档皮牌的手提袋；废弃的塑料瓶也变成了冬暖夏凉的建筑表皮的环保材料；椅子不再是椅子，它变成了你设计的一种语言和元素。大自然中有很多美好，人们已经很充分地利用了它们的属性与特征来帮助人们进行了生活生产，人们已经对它们有所认知，而你需要做的是，打破常规，通过你的手、你对材料的理解，重新对其定义。"每一种物质都不是自身存在的，是因为你的存在它才存在。"海德格尔曾说。同样，也是你赋予了它生命与价值，我们主导它们，赋予它存在的必要，就像我们常常毁坏它们一样。人是世间万物的主宰，同时也是毁灭它们的罪魁祸首。拾起你看到的一小块不起眼的石子，把它放到你的口袋里，保护好它，它就是你的唯一。

（四）空间创意基础

我一直以来坚信，创意就不存在基础，因为创意本身不会自己分割成初级创意、中级创意和高级创意。创意是一种发散与整合的过程。这里提到的"基础"主要针对设计创意这个过程和思维方法。我们大概把它分为以下部分：对素材的整理和整合、表达的媒介，以及你对于创意背后故事的描述。

1. 创意背后的故事——每一个创意都跟作者或是空间的原始背景有关

这里，为了方便理解，我们先从创意背后的故事讲起。所谓背后，就是某种特定时间环境下"你"所讲述的（物质本身不会告诉你任何信息）关于某种特定物种（物品、作品、事件）所相关的信息。背后就是人看不到的物质，所有的背后的信息都是通过讲述者（传播者）个人对物品所做的诠释。这个诠释与解释就代表了传播者的立场，一旦这种立场变成了一个信息链并随着历史的发展没有人提出异议，更有可能是发扬光大，那这种立场就变成了一种思维行为模式，甚至是准则和方式方法。

所以创意就是叙事的一种输出模式，通过创造这种不可意会言传的故事来达到某种以往没发生过的事件。这恰好与我们理解的艺术和设计史学背道而驰，因为所谓历史正是讲述了以往已经存在和发生过的事件。但仔细解读似乎一个有意思的情况就出现在眼前，history（历史）也可以被分解成his（他的），story（故事），嗯，"他的故事"。在此岸我们就可以叫它故事，但当这个故事在彼岸，在这个事件发生之前，它就是"创意"。所以，很重要的一点就是叙事的方法，也可以说是怎么讲这个故事（创意）。两个要点，讲些什么内容？以什么方法讲这个故事？这种"what（什么）"和"how（怎样）"的问题早在贡布里希的《艺术的故事中》有所阐述。贡布里希提到"世界上没有真正的艺术，只有真正的艺术家"。看起来似乎他在强调"艺术家"，作者是故事中的主角，他创造了一幕幕情景、一个个事件，并为他所呈现的情况做解释说明。所以讲故事的人与故事之间一定存在某种联系，也就是说，发生在同样时间地点一切前提条件一致而唯有当事人不同时，所呈现的"作品"情况、讲述的故事内容也一定不同。设计师、艺术家拿作品讲故事，他们大部分已经设定了其叙事的立场，不仅仅可以确定讲什么而且很明确该怎么讲，作者自己的经历决定了故事（创意）的来源——这也被西方艺术史学称作"作者决定理论"（后又产生了"作品决定论""语境决定论"和"读者决定论"，在这里不一一展开）。（本节部分文字与思考来源于段炼《视觉文化：从艺术史到当代艺术的符号学研究》一书，非常推荐阅读；贡布里希的《艺术的故事》是必读书。）

2. 改造设计素材的整理和整合

前面我们提到一个创意的产生、一个故事的展开都是通过设计师和艺术家的叙述进行的，这一切都与设计师、艺术家本身有着密不可分的关系。那么，当我们去触碰某些物质时所产生的立场与反应必然不同；我们所应用的方法也不完全一致。对于设计前（有些时候是设计过程中甚至设计"结束"后）素材的整理，大部分时候是设计师有意识的一种行为。他们大多数时候是带着某种思路和基本框架体系去寻找他们所需要的素材。建筑设计师要对所要设计的场地进行勘探，对周边的情况进行了解，当地气候条件、人们生活环境都是必不可少的勘探因素，甚至当地材料也是一个被近些年设计师重提的一个很重要的因素。这些前期的调研和素材整理是一个设计工作者非常重要的活动之一，它直接影响设计创意的可行性，有些时候这些素材也是重要的设计创意条件之一：

（1）当地人的生活状况可能直接影响你的建筑平面、户型大小、容积率以及绿化面积。针对人口密集的繁华区、有大面积农耕田的乡村、城市边缘的平民区，你所采取的设计思路和方法是不同的，尽管你已经在通过个人感受建立了你将要叙述的故事内容，但也不得不随着你所处的人文环境着手去创造和解决问题。说到底，设计是为人服务，为用户服务。

（2）周边环境限制（有些特立独行的）了你的设计思维，你不得不符合或贴近整体需要。地标式的特立独行建筑在学术界和社会舆论中已经被普遍讨论并受到了质疑。

（3）气候是一个决定性的因素，地域不同，气温气候全不同，直接影响建筑用材、采光、表皮、基础等一系列问题。当然，颜色的不同也是不可忽视的：就好像在中国老工业基地东北就很少看到纯白色的建筑，而远在巴尔干半岛的希腊就正好是相反的（我们不在这里讨论，但不容忽视的是宗教与政治因素）。

（4）就地取材是近些年来设计师比较热衷并被重提的内容。因为这种做法更被客户接受（主要是成本考虑）。而且，似乎从设计师的角度也更具当地特征，似乎更能取悦当地人，或令当地人更加厌恶，设计更有机。从人类学以及社会学角度这种做法也更符合人类和社会进程的发展（"人类社会正在进入城市社会，城市化正成为人类现代化的目标和结果，"张鸿雁在其文章中提到，"人类城市化的城市文化基因与城市社会再造文化因子。"）

艺术家的工作似乎看起来并不用那么严格遵循一整套客观条件的要求。很少有艺术创作者会带着某种与艺术创作相关的目的来到某地去寻找素材，再去发生。正相反，他们会因为自身的变化而变化，周围的改变而改变，把周遭转化为一种创作与创意的态度和故事，再通过艺术的表现手法将它叙述出来。这与特意因为某种议题再去被动地选择地域从而采取的创作手段无关（尽管大多数时候人们也称之为艺术）。那只是作为"文本的插图"出现从而迎合某种"形式主义"的"视觉符号"，从这个角度来说，艺术自治，作品本身所包含的故事就在那里，与作者关系不大，只是作者把事件抄在了纸或画布上，正如罗兰·巴特关于"作者已死"的理论，认为作品在完成之际，作者就已经死亡，剩下的文化创发工作，就是读者的权利了。唯有作者死亡，读者才能诞生，所有阅读活动，都是读者心灵与一个写定的"文本"的对话，价值就在这个过程中被创造出来。

3.　改造设计表达的媒介

创意并不存在着自身的高中低级的区别。所谓基础，就是指整个创意环节中的方法以及思维过程。有了一个正确的逻辑，采用恰当的方法是作为一个设计工作者良性工作的开始。既然谈到方法和思维，我们不得不提到的就是为什么是这么个方法，为什么采用此套思维逻辑，我们想要达到什么效果？这与我们所要采取的表达媒介有关。

我们不讨论太为广泛的媒介与表达之间的关系（有大量的人文社会学科就媒介与表达进行过讨论），我们只说作为狭义的设计过程里的表达，这里更多的讨论是输出手段和方法。

作为设计思维过程的外在表达，表达媒介并非将思想转换成具体的视觉形象的手段。而更多的是先既定了已知的表达工具甚至方法再重新回归整理设计思维和过程，力图找到最恰当的叙述与媒介的对接方式。举例来说，在资源"匮乏"（一切都是相对的，古时候的人类需求少，也就不需要那么多的资源，并不意味着真正意义上的匮乏）的古代社会，人们表达快乐的方式是"手舞足蹈"，他们唯一能找到的快乐心情输出方式就是跳来跳去，他们的表达媒介就是自己的身体。慢慢他们发现使他们改变饮食方式的火不仅仅能驱散野兽同时又是一种精神凝聚的象征，所以他们采用围着一堆火的方式继续手舞足蹈。慢慢手里又增添了许多他们猎兽的工具，身上有了动物的皮毛，旁边摆着祭祀用品。这些都增添了他们对于快乐的表达的媒介，而不仅仅是依靠单一的身体行为。所以作为一种设计表达与叙述，设计的媒介几乎决定了故事的完整性和可实施度。这种媒介与历史的发展、科技的进步、社会的环境等等都息息相关。作为一种倒叙思维和方法，设计首先应该搞清楚你所要表达的对象情况，了解所要表达媒介的前提条件，再使一个思维的多重性叙述在一个正确的方法论下与创意有机对接，从而使你的表达更充分。

（五）改造设计的理论基础

1. 改造设计的历史——现在的故事

关于设计史的书籍非常丰富，我们当然不是在这里讨论和叙述设计史的内容，我们的重点是想让学生通过课题的设计从而了解史学的重要性以及对当下设计的影响，主要目的是能让同学们在基础课程阶段主动而非被动地学习历史并能很好地应用到今后的设计学习与实践中。所以，本小节的标题就诠释了下文所要表述的内容。今天所发生的种种事件是与以往分不开的。换句话讲，你今天喜欢的这些设计的内容，都是可以追踪到它的轨迹的，你为什么不了解一下它的出处呢？

历史学家索尔·柯思曾经说过："历史学家的目标与理疗专家

的目标很相似——通过帮助我们理解过去，把我们从过去的重负中解放出来。"研究历史就是在研究一个事物的产生的发展脉络，跟随这条脉络再去进行新时代的演变。当然，时常我们也会发现，好的产品和建筑空间的出现不仅仅是借着前人的成果而进行的升级和优化，很多时候，我们也面临着否定和对历史的质疑。但无论从哪种角度切入，对于历史的了解是不容忽视的。你需要找到自己的切入点很好地从历史的角度着手去进行设计。

当然，了解历史是为了更好地面对现实，你必须对当下发生的有很高的敏感度。你必须要了解当下所发生的事件、当下所发展的科学技术以及当下人的需求。你必须能正确面对市场、了解风格、懂得生活，这样才能更有效地利用历史所带给你的价值更好地进行设计工作。即便你正在面对的是一个当代的问题，你也可以利用历史的意识来作为你当代问题研究的依据和方法。一般，历史的研究方法可以被概括成以下几种类型，简单列述如下大家可以选择性找出适合自己的方法进行设计工作的历史性研究。（以下总结性方法来自 李立新《设计艺术学研究方法》）

（1）研究设计著述、图像、物品及其相互关系。

（2）研究设计家、设计机构、设计思潮及运动。

（3）研究设计通史、设计断代史、设计专史以及设计史学史。

（4）研究设计历史的理论、分期等问题。

（5）研究设计与其他学科成果的关系、设计在特定的历史背景下的表现，重新诠释过去的设计活动。

2. 改造设计的心理

设计心理，是作为设计理论基础里很重要的一个部分出现的。标题里说的是设计"心理"而非"心理学"，目的是把重点从研究设计心理学的学术层面转移到"心理"研究这个过程对设计的影响上来。目的皆在研究如何通过心理对人的影响，分析其原因，找出解决方法，从而进行更合理的设计。

研究设计环节中很重要的"人"是这里的第一要务。而关于"人的行为"的研究大多数存在于社会学、经济学、人类学的角度上。这里面比较典型的是风笑天的《社会研究方法》中讲社会研究中的困难因素时提到的"人的特殊性复杂性"的问题，书中说："人不同于无生命的物体，也不同于不会深思熟虑的动物。人是一种有思想、有情感、有动机、对社会研究的活动有反应的研究对象。他们有自我意识，也有主观意志。""人同时也是一种社会性的动物，社会现象是一种与自然现象有着根本性差别的现象。人既作为一种生物个体，同时又作为一种社会个体的事实，决定导致一种社会行为发生的原因是极其复杂的，它必然涉及许多社会的、心理的、历史的、文化和其他因素。"而在经济学论述中，"人"作为重点的研究对象也在其"行为"和"心理"层面得到了更深层次的研究。这里我们提一下著名的经济学著作《人的行为》，它是由奥地利经济学家米塞斯（1881—1973）在1949年写就的。米塞斯认为"人并非原子式的个人，而是运用其自由意志做出行为的人"，他假定有一个"先验的"人的行为之"公理"，在此基础上一步步推导出人类社会经济的种种安排和运作原理，将建立在个人行为逻辑上的经济学理论提升到社会哲学或人类行为通论的高度来处理。关于设计里人的因素少有专门的论述，但其实设计行为的产生和发展都离不开人，分析了人的心理与行为也就是分析了一个事物的设计与方法，也就是我们所说的关于人的设计。

　　设计师维克多·帕帕尼克（Victor Papanek）说："设计是为构建有意义的秩序而付出的有意识的直觉上的努力。"看来，设计被作为一个行业的时候，要比它的广义含义具有更正面的力量。举个苹果公司的例子。苹果，作为21世纪最伟大的公司之一，它分析了人的心理和行为，把它们汇集到一个小小的设备之后，又提前预设了即将来到的人的心理和行为，从而拿他们的这个设计来引导人的欲望和行为。通过分析，从而准确判断了人的行为和心理。他们非常清楚，人需要的是复杂的内容和简单的操控。有了这个认识的支撑，产品的形成就是自然而然的了。正如被美国《商业周刊》评为全球最具影响力设计师之一的诺曼博士所说，"复杂是世界的一部分，但它不该令人困惑"，"在优秀的设计中，因科技和客户的期望而需要复杂的结构和功能，同时，设计者需要简化用户的使用方式，提供友好简单的操作界面"。所以，在这里，设计师必须明确作为"客户"和"用户"的人的需求，才能更好地满足他们欲望从而做出好的产品。当然在这里还要再次说明，设计师个体也是一个人，必须要考虑到自身的前提，包括背景、经历、种族、文化和前面提到的关于你自己与众不同的"故事"。

那对于设计基础来说，研究人的行为从而更好地服务于人到底有没有具体的一些方法呢？像总结研究历史文献那样具体的类型方法其实并没有太多，但是针对设计师而言我觉得至少可以从这两点着手，去更多地了解人和做更优化的设计：其一，多观察；其二，换位思考。在诺曼博士的《设计心理学：与复杂共处》中对这两点进行了详细的阐释并得出结论：设计师要了解作为行动者的"人"他是如何行为的，怎么能消除众多的不同，把它变成都可被认知的共性，也必须了解我们如何与他人相互作用。

3. 关于设计改造的质疑

通过对设计史的了解、对人行为和心理的分析，从而获得设计为人最大限度地优化。这是设计基本课程体系里设计理论的基础核心，也是设计的基本逻辑和一般设计方法。大多数情况下，设计师遵照此方法流程在从事设计实践工作，这也是设计学科学生需要去关注和掌握的方式方法以及设计逻辑。那么对于一个完整的设计理论系统来说，在调研（设计历史）、实践（设计心理）以外，我们还必须提出自己的观点，也就是说，只有经过完善的历史学习以及大量的实践基础我们才可以完成对已知体系设计提出自己的观点甚至质疑，二者是相辅相成的。也只有提出问题，才能找出新方法、找出解决问题的途径，从而更好地进行设计活动。关于设计的质疑，请你千万不要理解成"设计批评"，有专门书籍探讨这个话题。我们这里面谈到的"质疑"分为两个部分的质疑：一个是对设计本身的质疑；另一个就是对设计者的质疑。这似乎又回到了"why"和"what"的问题。有这样一句话：历史的事实是无法论证的，因为人的观察不可信。美国的海登·怀特在其著作《元史学：19世纪欧洲的历史想象》中提到"时间发生并且多多少少通过文献档案盒器物遗迹得到充分的验证，而事实都是在思想中观念性地构成的，并且或者在想象中比喻地构成的，它只存在于思想、语言或话语中"。我们对设计的质疑主要是在提问作品本身的意义与作者所阐述的故事是否如此。当然，你是无法站在现代主义的立场上去评价一个远古时代的器具的，因为你不具备那个时代的历史背景，你也不具备这个物品的制作者同样的环境，你只能带着对同时期设计的了解、对文化历史的解析，去试图阅读眼前这个同时期的作品。但当你阅读它时，你已经站在了你个人的观点上，带着你自己的经历与阅读故事去记录和传播这个设计了。所以说，对于历史的质疑是设计师时时刻刻应该具有的品格，不能盲目地去相信已经存在的概念、思想以及方法，不加思索地去套用，泛卖概念以及形式。我们时时刻刻需要保持警惕，保持质疑。当然，这种质疑就是为了一点，可以让设计更好地为人服务，设计史可以因为一个改变而更加丰富。但，设计是没有开始和结束的，就像永远不存在一个真正意义上的完美设计，因为它是不停更迭的。这些不仅仅是因为历史的发展、文化的复兴、科技的进步，更重要的是作为设计从业者的我们要从不一样的角度去观察并提出质疑，也争取一步步找出问题的解决方法。

从具体事件分析，找出具体解决方法，并将这种方法付诸实践，产生价值。这也许可以被称为一种方法，让我们提出质疑后懂得应当如何面对（总不能像大多数用户那样只是抱怨两句就忘了吧）。这是在美院二年级设计课程"发现设计"里提到的概念：试图从你身边的物品或环境下手，你自己观察和体会，总能发现它的不尽如人意的地方，找出你认为好的方法，试着去解决它。这是个看起来命题很大（发现设计——什么是设计？上哪儿发现？发现它干吗？），但又在应用中从很小的问题着手的一个设计锻炼。而且，的确，他们真的从自身出发找到了日常生活中好多不合理的地方，并找到了很多有趣的设计方法。当我们解决好这些小问题后，似乎我们就可以把此类相关问题解决，也就可以去帮助解决一系列的大问题了：通过同样的逻辑和方法，使之成为一种普遍性的应用，找出其中的设计必然性，并用最简化的语言使它付诸实际。

历史学家柯林伍德举过一个例子：一辆汽车在某处转弯时打滑，撞了马路沿后翻车。从司机的角度看，事故的原因是转弯太快，教训是开车必须更加小心。从检察官的角度看，原因是道路的表面或拱弧有问题，教训是必须更多地注意道路的防滑问题。从汽车制造商的角度看，原因在于汽车的设计有缺陷，教训是必须把重心放的更低。（〔美〕，威廉·德雷《历史哲学》）可以看出来，面对这么一起交通事故，各方面人员由于处在各自的角度，观点不同，提出的问题和解决方法就都不同。这是个典型的因果问题，只是因的多重角度并不是被所有行业的人所认知。作为研究如此复杂多样的情况，并以此作为设计前提和线索的设计师来说，这种对问题判断的敏感度和出发点就显得尤为重要，也是设计师必不可少的素质与责任。

（六）改造设计表达基础：改造设计的传播——设计表达、设计展示、付诸实施

对一个改造设计来说，找到一种适合的表达可能是这个设计最终带给"观众"的第一感受。如何更有效并且准确地传达作者的设计意图和创意想象，都涵盖在一种表达的过程里面。这种表达的过程也体现着一种"传播"的思想：一种信息的流通，从此处到彼处。

1. 改造设计的表达

改造设计是带有服务性质的，是为人的生活服务的。在这种思维体系下，设计是应该充分考虑到人的需求从而分析人的思想和行为方式的。在满足了人的情感及行为需求之后，再赋予其艺术价值，简单来说，这个设计应该是比较成功的。布恰南认为设计是设计师"说服"消费者的手段，有三个可行性的要素：技术原理、特性和情绪。在技术原理上，消费者对于复杂的技术原理链的感知能力极为有限，而设计师则是通过各种方法，启发性地传递这一原理，并且在传递过程中，不必传递每一个技术细节，只做技术上的逻辑性联系。

所以，当我们讨论一个成型的设计产品或空间的时候，我们其实讨论的是它的内在架构和背后的故事。我们所看到的表皮（建筑

外表或产品的外观）只是这个物质最终呈现给人的样子，是一个设计师交出来的被高度协调统一后的"假象"。这种"假象"的构成存在着它的功能、结构、思想和情感。而这些内在因子就是传播这个物质的"设计"。

一幢幢雄伟的密集型建筑、冷冰冰的玻璃幕墙、大跨度的钢铁桥梁、混凝土筑造的房屋和亮闪闪的汽车，这些20世纪以来被人所发明创造出来的新奇物件无一不使得生活于其中并驾驭着它的人们感觉到恐慌。铁路破坏了原有的生态环境，汽车污染了城市的空气，飞机占领了原本清澈的天空，但这些违背自然的东西却越来越被强加在人们的生活中，并且人作为一种高级物种又很快地适应并接受它。我们重复着模块化的城市和设计，使设计表达变得越来越"肤浅"并更大程度地被人接受。在勒·柯布西耶的《走向新建筑》一书中，他提道：帕特农神庙和圣彼得教堂中由米开朗琪罗建造的祭坛这类作品，引导我们以直截了当的方式去看待它们，就像人们看待一辆汽车或一座铁路桥那样。在我们对这些建筑的功能和造型都做了一番研究之后——所有偶然的、表面化的东西都被置于应有的次要位置上——它们呈现在心的外表之下，看上去更接近一流的现代混凝土结构体，或是一辆劳斯莱斯汽车，而不是将我们困住的那些拙劣的仿制品。所以，关于设计的表达，我们更多的是在一种思想和观点角度下的，它仅仅超越功能与设计逻辑，但又不违背逻辑。这需要设计师对历史和当下，对技术、人文、政治、社会有很好的理解和认识。不能只是把精力放在表面的一些肤浅东西上。这些被滥用的"风格"只能使设计越来越走向深渊，就更不要提成就好的设计或是伟大的设计了。

2．改造设计的展示

设计的展示形式多种多样，我把它们归为三类：设计项目的展示、艺术装置的展示、展览展示。

（1）设计的项目展示

所谓设计项目的展示，实际就是设计师如何呈现一个商业案例。作为设计师，你是如何采取适合的方式及方法使得一个空间或产品落地。你所呈现的设计，是否能从商业角度最大限度地获得成功，是否也能使人获得艺术层面的审美需求。如果这两点你做得都很好，那么它应该就是一个成功的设计项目展示。你所展示出来的东西，应该获得所使用它的人的认可并且最大可能性地不让与它没有直接关系的"过客"产生厌恶的情绪。这种展示的手段，应当在造型、材料、光线、色彩等众多表象的范畴内获得最大程度的和谐统一，并要充分体现出它的历史、文化、人文方面的价值。内在价值的获得，需要作为执行方的设计师和监督方的客户能充分合作，并最大限度地考虑用户需求，更重要的是能在三方思想层面达到平衡与和谐。

（2）艺术装置的展示

艺术装置（注意，并不是装置艺术），很多时候是在表达设计师的某种意识或研究解释。它们不同于设计项目（更注重应用与客观），也不同于单纯意义上的展览（汇报性质的单纯"给"与

"拿"：展览者与观众），艺术装置往往介于两者之间，它既是一种带有强烈现实色彩的实际物品，又往往超越了实际，传达一种设计语言或方式方法；它也是一种带有展览性质的传达，可又不仅仅是以展示作为目的对于某种设计方法论节点的实际操作。它往往置身于某种特定的场景中，但你看到的可能是某个实际项目应用的前提，或是其中节点，或是这种实际空间，或产品之外通过相似语言进行的发散和解构。它没有客观的项目实体，却远远超越了作为单一主题展示的目的。

（3）展览展示

可以从参与者层面分两个方向来说展览展示。一是针对从业者的展览展示——设计师、艺术家展览；二是设计或艺术方向的学生展。这是个被我发现的长时间被忽视却又十分重要的事情。

我们在这里抛开艺术家的艺术作品展览不谈，因为正好与设计师相反，艺术品的展览是要以展览空间为媒介，从而通过空间尺度、色彩、光线以及观展路线来重新设定的艺术品呈现方式，也就是说，艺术品在没有被观众看到之前，它与观众是脱离的，只对于制作它的作者有意义，那么需要连接它与观众的关系的媒介，一个至关重要的节点，就是它所展现的空间。而在这里，设计师展现其作品的方式，往往是更直接的，项目做成后，就摆在那里，可能是某个市中心，或是乡村，或某个街道，也许这个作品是一个住宅、一个学校，或是一部手机和车子。把这些实际的物品制作成模型后放置在特定的空间内，作为展览的一种手段（你很少能看到把一个等大的建筑放在展览空间的情况）。它们通过等比模型、微型景观、展板、材料样板、设计说明，以及材料论证等多维手段，最好地体现其作品的设计思路和方法，让观众最大程度地去了解作品和设计者。所以，对于设计者来说，展览的重要程度或是所依靠的空间的参与度远远比不上艺术家对于展览空间与它们作品关系之间相关性上的依赖。

"什么是建筑？

你使用石头、木头和混凝土，

并利用这些材料，造出了房子和宫殿。

这就是建造。独创性正在发挥作用。

但是突然间，你触动了我的心灵，

你为我做了好事，我很高兴，

并且说：'这很美。'

这就是建筑。

艺术也如影随形参与其中。"

——勒·柯布西耶

关于利用老厂房改造成便民体育场馆的可行性研究访谈记录

访谈对象：王占国，鲁迅美术学院体育教师、中国足协教练员培训班讲师、专业少年足球教练员、乐动库（大连）体育合伙人

访谈时间：2020年5月22日　3:00pm

访谈地点：辽宁省　大连市　金石滩

我：你觉得老厂房改造成体育场馆，是否能改善老百姓健身锻炼空间紧缺的问题。

王：对，你所谓的这种厂房改造体育场馆（手指向旁边的社区篮球场），这是未来的发展方向。但是不解决距离问题，也很难长久发展。

我：也就是结合社区？

王：对，不结合社区很难。老旧的工业区的问题是周边老百姓住宅和生活配套太少。对于青少年足球培训来讲，家长更希望点对点的，离家或是单位近一点。

我：但是场地都太有限。

王：目前体育场馆的数量肯定不够。

我：所以我觉得对老旧厂房的改造可以是一个解决办法。因为在一定区域，尤其沈阳，在市区的范围内就有很多闲置老厂房，市中心以外区域就更多。

王：现在，地理位置是第一位的。如果这个厂房在像北京798那种特别好的地理位置，就没有任何问题。

我：我们现在的调研结果是辽宁省尤其是沈阳，老厂房周围是有居民区的（沈阳老厂房周围布满了生活区，有很多都是新型住宅，城市内部的居民已经开始出现外延现象。由于城市化进程的发展，城市的边界已经消失）。假如和平区是市中心，918（918历史纪念馆，地理位置比较偏）和724（724工厂，原来沈阳的军工厂，现在是沈阳东基集团有限公司）那边也有厂，它不属于核心市区，但是它周围也是有居民的，有生活配套设施的。

王：沈阳这样的场地有多少呢，厂房数量你有没有做过调查？

我：我调研了一下。（后来通过调研得知：当时的沈阳市铁西区是国内最大、最密集的城市工业聚集区，在铁西区484平方公里的土地上，曾经集中了1 000余家企业，拥有30多万产业工人大军。这只是沈阳一个区的工厂数量，在其他区域上也分布着大大小小的工厂。）假设老厂房和这种便民体育措施结合是成立的，现在就有这么一个老厂房给你做少年儿童足球的场地，当然还有一些健身、餐饮、水吧等辅助设施，你更希望它是一个什么样的？

王：我更喜欢它就像我现在乐动库那边，乐动库除了有足球之外，冬天有滑雪，夏天有露营，定期还有音乐会，还有美术展，就像城市书吧一样的功能，什么都有。除此之外还有一个缺的（业态），就是现在这种补习班、托管班，未来这个地方也会有。

我：环境和人群还是不错的吧？

王：体育馆周围的社区也不错，地理位置非常优越，配套都很齐全。

我：你觉得哪一个配套对你目前做少年儿童足球培训是最有用的？

王：还是交通便利吧。

王：其实我们客观来讲，现在半场场地足够用，没必要建11人制的大场。然后旁边的预留地，可以建设休息区，然后有个BAR，健身房里边也有。乐动库最重要的是它有一片草地，夏天到处都是人，大家觉得草地非常棒，家长去了很多都不走，训练完以后就可以在那里玩。

我：同时可以展开很多别的活动是吧？

王：而且现在对我们经营来讲，我跟乐动库合作之后，环境配套和附加值增加了，附加的餐饮等业态也随着以家庭为单位的亲子运动活动而变得越来越好。

我：你刚才说最重要的是地点。假如说周围有很多楼盘，入住率也不错，周围有那么几个老旧厂房，车库也有，老旧的自行车库现在很多园区里边都有，那这个厂房就可以被利用，可以做成一个小的足球场地。你比赛可以拉出去打，平时这里作为训练场是足够的。

王：一点问题都没有。你看现在他们盖那些东西，包括国外盖的，他不盖那种四周带围墙的，就相当于在足球场顶上扣了个棚，只要下雨别淋到就好了，它四周是通的。这样的话它只要不受雨的影响就没有任何问题。稍微冷一点也没关系，足球运动嘛，下雪天也在外面踢呢。这项运动决定了它就是户外的。

王：如果像万象城里冰场那样，在上面吃饭可以看到冰场，运动、购物全是一体的。而且冰场也是多元化的，冰场里面分打冰球的区域、花样滑冰区域，私教和普通区域也都有规划，这样就好运营了。

参考文献

［1］阿尔伯特·爱因斯坦.我的世界观 [M]. 北京：中信出版社，2018.

［2］赵钢，雷厉.体育场馆经营管理概论[M].北京：北京体育大学出版社，2007.

［3］小罗宾·阿蒙等著.体育场馆赛事筹办与风险管理[M].高俊雄，译.沈阳：辽宁科学技术出版社，2005.

［4］隈研吾.隈研吾的材料研究室[M].北京：中信出版集团，2020.

［5］马克思和恩格斯.马克思恩格斯全集（26卷上）[M]. 北京：人民出版社，1975.

［6］欧文·霍普金斯.解读建筑 [M]. 北京：北京出版集团公司，2014.

［7］高鸿业.西方经济学（微观部分）[M]. 北京：中国人民大学出版社，2011.

［8］马丁·海德格尔.存在与时间[M]. 北京：商务印书馆，2018.

［9］项飙.跨越边界的社区[M].北京：生活·读书·新知三联书店，2018.

［10］王欣.如画观法[M].上海：同济大学出版社，2015.

［11］许宏.何以中国[M].北京：生活·读书·新知三联书，2016.

［12］唐纳德·A.诺曼.设计心理学[M].小柯，译.北京：中信出版集团，2015.

［13］童寯.江南园林志[M].北京：中国建筑工业出版社，2014.

［14］爱德华·R.福特.建筑细部[M].胡迪，隋心，陈世光，何为，李博毓，译.南京：江苏凤凰科学技术出版社，2015.

［15］肯尼斯·弗兰姆普敦.现代建筑：一部批判的历史[M].张钦楠等，译.北京：生活·读书·新知三联书店，2012.

［16］勒·柯布西耶.走向新建筑[M].杨至德，译.南京：江苏凤凰科学技术出版社，2014.

［17］段炼.视觉文化：从艺术史到当代艺术的符号学研究[M].南京：江苏凤凰美术出版社，2018.

［18］弗兰克·劳埃德·赖特.建筑之梦[M].于潼，译.济南：山东画报出版 社，2011.

［19］贡布里希.艺术的故事[M].范景中，译.南宁：广西美术出版社，2008.

［20］Peter J. Farmer. Sport Facility Planning and Management [M]. USA: Fitness Information Technology, 1996.

［21］黄昌瑞，陈元欣，何凤仙，杨金娥，何于苗.美国大型体育场馆的盈利模式及启示 [J].体育文化导刊，2018（12）：126-131.

[22]钟纪刚，李静波.现代城市商业综合体的动线空间构成 [J]. 重庆建筑，2008（8）:49-51.

[23]常冰瑜.影响设计风格特点形成的三大因素 [J]. 工业设计 2016（6）: 115-117.

[24]牛丽莉，丁红.马特莱法则在管理中的应用 [J]. 领导科学 2001（16）: 51.

[25]杨东，吴晓蓉. 疏离感研究的进展及理论构建[J]. 心理科学进展，2002（1）: 71-77.

[26]曹可强.上海市公共体育场馆经营管理现状与对策研究[J].沈阳体育学院学报，2003（4）: 7-9.

[27]陆亨伯，谢萍萍.委托经营:公共体育场馆民营化可操作模式——基于浙江省典型体育场馆的调研[J].宁波大学学报（人文科学版），2007，20（5）: 15-19.

[28]闵健，柳伯力等.大型公共体育场（馆）经营管理体制性障碍研究[J].体育科学，2006（9）: 6-12.

[29]乔泽波.体育场馆星级酒店式管理模式的研究[J].山东体育学院学报，2005（3）: 44-45.

[30]张开.委托经营的初步探讨[J].社会科学论坛，2003（6）: 66-68.

[31]Donghun Lee, Galen T. Trail, Dean F. Anderson. Differences in motives and points of attachment by season ticket status: a case study of ACHA[J]. International Journal of

Sport Management and Marketing，2009（1）.

［32］陈元欣，王健.经营城市与综合性大型赛事场馆设施融资研究
[J].体育与科学，2007（1）：55-60.

［33］陈元欣.大型体育赛事场馆设施的民营化探析[J].上海体育学院
学报，2008（1）：25-30.

［34］黎国庆.我国大型体育场馆改制的选择模式[J].商场现代化，
2008（5）:277-278.

［35］李亚慰，李建设.大型体育场馆的经营策略研究——义乌梅湖
体育中心运营模式分析[J].浙江体育科学，2006（5）：1-3.

［36］韩开成.大型体育场馆经营管理模式创新研究[J].体育成人教育
学刊，2006（2）:5-7.

［37］陈青长.生态与文脉的建筑守望[J].艺术工作，2018（1）：97-
98.

［38］陈琳，穆旭龙.改变角度，提升创新力[J].艺术工作，2019
（1）：95-96.

［39］李京一等.老厂房结构改造的若干技术问题 [C]. 第八届全国
建筑物鉴定与加固改造学术会议，2006.

［40］赵士全：关于工业厂房及仓库设计中的消防规范应用的总结
[C].中国建筑学会建筑给水排水研究分会学术交流会，2010.

［41］陈元欣.综合性大型体育赛事场馆设施供给研究[D/OL].武
汉:华中师范大学，2008.https://kns.cnki.net/KCMS/detail/
detail.aspx?dbcode=CDFD&dbname=CDFD0911&filename=2

008115033.

[42] 中国产业信息网.2017年中国体育场馆行业发展现状分析 [EB/OL]. 智研咨询整理，国家体育总局提供，2018.http://www.chyxx.com.

[43] SAREN三仁.老厂房改造设计需要消防审批吗 [EB/OL]. 2019.http://www.shsaren.com.

[44] 南宁欧昌.大型体育场馆如何选择节能通风系统 [EB/OL]. 2017.http://www.gxouchang.com.

[45] 王辉.体育场馆建设运营模式越来越丰富多元化 [EB/OL]. 2016.http://www.sport.gov.cn.

[46] 安全管理网.受限空间作业规定 [EB/OL]. 2016.http://www.safehoo.com.

[47] 铁西区 [EB/OL].沈阳政府网 2013. http://www.shenyang.gov.cn.

[48] 资产委托经营[EB/OL]. 新浪产权.2008-07-25.http://www.sina. net.

[49] 国外大型体育场馆成功的运营模式分析 [EB/OL].领先体育. 2018.http://www.avant.cm.cn.